Silvia Kratzer

Pathologische Internetnutzung – eine Pilotstudie zum Störungsbild

PABST SCIENCE PUBLISHERS
Lengerich, Berlin, Bremen, Miami,
Riga, Viernheim, Wien, Zagreb

Die Arbeit entstand im Rahmen eines Promotionsvorhabens von Frau Silvia Kratzer an der Medizinischen Fakultät der Ludwig-Maximilians-Universität München.

Bibliografische Information Der Deutschen Bibliothek
Die Deutsche Bibliothek verzeichnet diese Publikation in der Deutschen Nationalbibliografie; detaillierte bibliografische Daten sind im Internet über <http://dnb.ddb.de> abrufbar.

Das Werk, einschließlich aller seiner Teile, ist urheberrechtlich geschützt. Jede Verwertung außerhalb der engen Grenzen des Urheberrechtsgesetzes ist ohne Zustimmung des Verlages unzulässig und strafbar. Das gilt insbesondere für Vervielfältigungen, Übersetzungen, Mikroverfilmungen und die Einspeicherung und Verarbeitung in elektronischen Systemen.

DIPL.-PSYCH. SILVIA KRATZER
Philosophisch-Sozialwissenschaftliche Fakultät, Universität Augsburg, Universitätsstr. 10, 86159 Augsburg, Tel. 0821-5985610, Fax 0821-5985289
E-Mail: silvia.kratzer@phil.uni-augsburg.de

© 2006 Pabst Science Publishers, D-49525 Lengerich
Druck: KM Druck, D-64823 Groß Umstadt

ISBN-10: 3-89967-317-4
ISBN-13: 978-3-89967-317-3

Inhaltsverzeichnis

1.	**EINFÜHRUNG UND FORSCHUNGSSTAND**	**7**
1.1	Entwicklung des Internet und Anwendungsmöglichkeiten	7
1.2	Exzessive und pathologische Internetnutzung	16
1.2.1	Begriffliche Klärung	16
1.2.2	Exzessive Internetnutzung als normales Verhalten	17
1.2.2.1	Euphorie der Anfangsphase	17
1.2.2.2	Phänomen im Jugendalter	18
1.2.2.3	Persönlichkeitsmerkmale	20
1.2.2.4	Ausweichverhalten	22
1.2.3	Exzessive Internetnutzung als pathologisches Verhalten	24
1.2.3.1	Pathologische Internetnutzung als Störung der Impulskontrolle	24
1.2.3.2	Pathologische Internetnutzung als nicht-stoffliche Abhängigkeit	27
1.2.3.3	Pathologische Internetnutzung als Begleiterscheinung psychischer Störungen	34
1.2.4	Zusammenfassung des Forschungsstandes	41
1.3	Fragestellung	44
2.	**METHODEN**	**45**
2.1	Beschreibung der Rekrutierung der Stichprobe	45
2.2	Testdurchführung – Fragebögen	48
2.2.1	Fragebogen zum Internetgebrauch	49
2.2.2	Munich Composite International Diagnostic Interview (M-CIDI)	49
2.2.3	Hamilton Depression Scale (HAM-D)	51
2.2.4	Yale Brown Obsessive Compulsive Scale (Y-BOCS)	51
2.2.5	Spielsuchtfragebogen (Gamblers Anonymous)	52
2.2.6	Sense of Coherence Scale (SOC)	54
2.2.7	Anomieskala	55
2.2.8	International Personality Disorder Examination (IPDE)	55
2.3	Statistik	57
3.	**ERGEBNISSE**	**58**
3.1	Deskriptive Gegenüberstellung der Probandengruppen	58
3.2	Psychische Störungen (CIDI-Diagnosen)	64
3.3	Pathologische Internetnutzung – Lebensorientierung und Anomie	71
3.4	Angaben (Selbstauskunft) und Testergebnisse der Probanden mit pathologischer Internetnutzung ohne CIDI-Diagnose	74

4.	DISKUSSION	77
4.1	Gegenüberstellung der beiden Probandengruppen	77
4.2	Psychische Störungen (CIDI-Diagnosen)	80
4.3	Pathologische Internetnutzung – Lebensorientierung und Anomie	82
4.4	Angaben (Selbstauskunft) und Testergebnisse der Probanden mit pathologischer Internetnutzung ohne CIDI-Diagnose	82

5.	ZUSAMMENFASSUNG UND AUSBLICK	84

6.	LITERATURVERZEICHNIS	87

7.	ANHANG	99
7.1	Abbildungsverzeichnis	99
7.2	Tabellenverzeichnis	100
7.3	Fragebogen	101

1. EINFÜHRUNG UND FORSCHUNGSSTAND

1.1 Entwicklung des Internet und Anwendungsmöglichkeiten

Im Jahre 1969, als ein Großrechner noch etwa 20 qm^2 Raum einnahm, begann die historische Entwicklung des Internet. Das amerikanische Verteidigungsministerium rief damals eine Forschungsbehörde ins Leben, die sich mit der Entwicklung von störungsfreieren Computerkommunikationsvorgängen befassen sollte, die Advanced Research Projekts Agency (ARPA). Bislang wurde bei der Kommunikation von Rechner zu Rechner die leitungsvermittelte Übertragung verwendet (circuit switching). Hierbei waren Start- und Zielrechner über eine vorher festgelegte direkte Leitungsstrecke verbunden, welche sehr störungsanfällig war. Die ARPA entwickelte nun die sogenannte paketvermittelte Übertragung (packet switching), wobei die zu übermittelnden Daten in einzelne Teile, sogenannte Pakete, zerlegt wurden und über völlig unterschiedliche Wege zum vorbestimmten Zielrechner gelangen konnten. Dort angekommen wurden alle Pakete wieder zusammengesetzt, nachdem sie auf ihre Vollständigkeit überprüft wurden. Da die Wahl der einzelnen Verbindungswege automatisch ablief, konnte eine zuverlässige Datenübermittlung auch dann aufrechterhalten werden, wenn einzelne Verbindungsrechner oder sogar ganze Netzwerke von Rechnern ausfielen. Die Forschungsbehörde legte damit dem Verteidigungsministerium ein Datenübermittlungsverfahren vor, das besonders resistent gegen Störungen bei Krieg oder Sabotage war und zugleich eine wesentlich effektivere Nutzung der knappen Computerressourcen im militärischen und wissenschaftlichen Bereich aufwies. Kurze Zeit später wurde im Jahre 1973 ein eigener Protokollstandard für die paketvermittelte Datenübertragung geschaffen, welcher bis heute für die Zerlegung und vollständige Zusammensetzung der Datenpakete zuständig ist: Das Transmision Control Protocol (TCP). Ein zweites, zum selben Zeitpunkt ins Leben gerufene Kontrollorgan ist das sogenannte Internet Protocol (IP), welches für die richtige Adressierung der zerlegten Datenpakete sowie deren Übermittlung und Ankunft am Zielrechner verantwortlich zeichnet. Eine auf internationaler Ebene gegründete Internet Society sorgt bis heute für die Weiterentwicklung, vor allem im Bereich der Standardisierungsfragen. In den einzelnen Ländern der Welt gibt es sogenannte Network Information Centers (NIC), die neue IP-Adressen vergeben und verwalten. Das Besondere dieser weltweiten Vernetzung von Rechnern und Netzwerken ist seine offene dezentrale Architektur, weshalb bislang keine weiteren Reglementierungen oder Einschränkungen vorgenommen wurden (vgl. Döring, 1999; Musch, 2000).

Der unkomplizierte und schnelle Datenaustausch wurde ab Mitte der 70er Jahre vorrangig von Wissenschaftlern und Computerfachleuten genutzt. Aus dieser Zeit stammt auch die Einführung des ersten halb-privaten computervermittelten Echt-Zeit-Kommunikationsnetzes, dem Internet Relay Chat (IRC). Hierbei ist weltweit eine schriftliche Echt-Zeit-Verbindung, wie bei einem Telefonat, mit verschiedenen Personen gleichzeitig möglich. Man benötigt jedoch eine spezielle IRC-Software, damit die Teilnehmer über den IRC-Server in Kontakt treten können. Gespräche werden hier zu allen Themen des Alltags angeboten, aber zu einem nicht geringen Anteil kommunizieren hier immer noch Vertreter aus Wissenschaft und Forschung miteinander (vgl. Schade, 2000). Seit Mitte der 80er Jahre verkürzte sich die Bezeichnung ARPA-Internet zum einfachen „Internet" und es wurden erste Definitionen des Internet von den technischen Entwicklern veröffentlicht. So heißt es zwischen 1991 und 1993 bei den Internet-Protokollen:

"The Internet is a large collection of networks (all of which run the TCP/IP protocols) that are tied together so that users of any of the networks can use the network services provided by TCP/IP to reach users on any of the other networks.
The Internet is a network of networks based on the TCP/IP protocols. [It] is a community of people who use and develop those networks, [and it is] a collection of resources that can be reached from those networks" (Döring, 1999, S. 18).

In den Jahren 1989 bis 1992 entwickelte der aus Großbritannien stammende Computerwissenschaftler Tim Berners-Lee bei CERN, der europäischen Organisation für Kernforschung in Genf, den Plan für das World Wide Web (www). Dieses Projekt war der Vorgänger des modernen Web, das seit 1991 erstmals für die kommerzielle Nutzung durch Einzelpersonen genehmigt wurde und heute mit seinen unzähligen Seiten (websites) und Domänen (Netzadressen) die globale Vernetzung explosionsartig steigen lies (vgl. Greenfield, 2000; Schade, 2000). Nach offiziellen Verzeichnissen, wie dem Domain Name Server, gibt es momentan bereits über 120 Millionen direkt ansprechbare Rechner (Hosts) mit einer www-Adresse im Internet. Die computerunterstützte Echt-Zeit-Kommunikation entwickelte sich ebenfalls weiter. Der Internet Relay Chat (IRC) teilte sich zum Beispiel 1992 in das offizielle EFNet und das inoffizielle Undernet. Der IRC hat im Laufe der Zeit durch andere Chatrooms, die von immer neuen Providern im World Wide Web angeboten werden, zwar Mitglieder verloren, ist aber bis heute am Netz.

Der Zugang zum Internet ist heutzutage mittels einem, mit dem Internet verbundenes Intranet, wie z.B. vom Uni-Campus aus, einem Telefonnetz mit Modem oder ISDN-Anschluss (Integrated Services Digital Network), für jedermann möglich geworden. Ein Zugang für Laptops über Funk, wie bei den Mobiltelefonen, ist bereits auf dem Markt. Abgesehen von der ständigen Verbesserung der Anschlussmöglichkeiten ist das Internet bereits heute durch seine Offenheit für ein großes kommerzielles und privates Publikum gekennzeichnet. Jeder kann einen Computer oder ein ganzes Computernetz (Intranet) anschließen und wird so zu einem Teil des weltumspannenden Internet. Um den Aufenthalt im Netz gegenüber dem „echten" Leben abzugrenzen, werden Begriffe, wie virtuelle Realität (VS) versus Real Life (RL) beziehungsweise online sein versus offline sein, verwendet.

Das Internet dient als Plattform für die verschiedensten Dienste der Anbieter (Server). Dem Nutzer (Client oder User) wird so zum Beispiel die E-Mail-Kommunikation über die ganze Welt schnell und billig ermöglicht. Andere Dienste wie das world wide web (www), Newsgroups, Chat, Multi User Dungeons/Dimensions (MUDs) oder auch Video-Konferenzen, können in den meisten Fällen sowohl geschäftlich als auch privat genutzt werden (vgl. Schade, 2000). Die Kommunikation bei diesen angeführten Diensten findet entweder asynchron oder synchron statt. Offline-Dienste bieten also eine zeitversetzte computervermittelte Kommunikation, wie im Falle der Email-Korrespondenz, den Newsgroups oder des www mit seinen zahlreichen Informationsdiensten (vgl. Döring,

1999). Hierbei können dem Empfänger Nachrichten hinterlassen werden, ohne dass dieser anwesend sein muss. Im Gegensatz dazu stellen Online-Dienste eine zeitgleiche computervermittelte Kommunikation dar: beispielsweise bei Video-Konferenzen, in Chatrooms und den MUDs.

Es sollen nun die Anwendungsmöglichkeiten und Funktionsweisen des Internet kurz erläutert werden.

World wide web (www)

Der meistgenutzte Anwenderdienst im Internet ist das world wide web (www). Es dient in erster Linie der Informationsgewinnung. Das Bewegen des Nutzers zwischen den verschiedenen Seiten des www wird als surfen bezeichnet. Nach dem Prinzip des Client-Server-Modells werden hierbei vom Server Daten und Informationen bereitgestellt, die zu einem späteren Zeitpunkt vom Nutzer mit Hilfe spezieller Software (Browser) auf seinem lokalen Bildschirm gesehen werden können. Die Anweisungen, wie eine www-Seite gestaltet sein soll wird in der Hypertext Markup Language (HTML) geschrieben und vom einzelnen Browser decodiert. Der weltweite Austausch von Hypertexten wird durch das Hyper Text Transfer Protokoll (http) gewährleistet. Auf einer Internetseite können so auch sogenannte Links eingebaut werden, welche durch einen einfachen Mausklick ein Springen zwischen den verschiedensten www-Seiten ermöglichen (surfen). Heute können sowohl Text-Informationen, als auch Töne (Musik), Videosequenzen oder Graphiken/Bilder im www transferiert werden. Ebenso sind innerhalb des www-Dienstes andere Dienste eingebettet, so dass man ohne Aufwand von einer Internet-Informationsseite zu einem Chatroom, einer Newsgroup oder einer E-Mail-Verbindung gelangen kann.

E-Mail

Bei der E-Mail-Kommunikation handelt es sich um einen raschen, zeitsparenden Austausch von schriftlichen, meist unkonventioneller verfassten Mitteilungen als beim herkömmlichen Briefwechsel, mit oder ohne Anhang (attach), zwischen zwei oder mehr Personen. Der E-Mail-Dienst ist einer der ältesten und nach dem WWW der am meisten genutzte Dienst des Internet. Mit den E-Mail-Nachrichten können eine beinah unbegrenzte Menge an Dateien als Anhänge (z.B. Artikel, Musikstücke, Graphiken) weltweit schnell, kostengünstig und bequem versandt werden. Der Email-Dienst ist für die Kommunikation einzelner Personen untereinander konzipiert, andererseits gibt es im Internet auch Dienste, die für Personengruppen bereitgestellt werden. Hierzu gehören die Mailinglisten, Newsletter, Newsgroups und Foren. Bei einer Mailingliste ist jeder Abonnent in der Lage, eine Nachricht, zu einem bestimmten Thema, innerhalb dieser Liste zu veröffentlichen. Die Kommentare der anderen Abonnenten zu dieser Nachricht können dann ebenfalls von allen Mitgliedern eingesehen werden. Dieser Dienst ist also für einen Informationsaustausch oder Diskussionsansatz gedacht, währenddessen Newsletter nur der Informationsgewinnung zu einem bestimmten Thema dienen. Ein Abonnent erhält in regelmäßigen Abständen per E-Mail die neuesten Informationen zu dem von ihm gewählten Thema (vgl. Döring, 1999).

Eine andere Form der asynchronen Kommunikation sind die Newsgroups und Foren. Hier müssen interessierte Anwender die ins Netz gestellten Informationen zu einem Thema selbst abrufen, es existiert somit keine Abonnentenliste oder dergleichen. Newsgroups können als virtuelle Anschlagbretter gesehen werden, an denen beispielsweise Fragen veröffentlicht werden, die vielleicht von einem interessierten Leser beantwortet werden. Im Falle einer Antwort auf die veröffentlichte Frage werden diese zusammenhängend ebenfalls für alle anderen Teilnehmer einsehbar. Eine Gemeinsamkeit von Mailinglisten und Newsgroup besteht darin, dass die Anwender untereinander in persönlichen E-Mail-Kontakt treten können, wenn dies von beiden Kommunikationspartnern gewünscht wird, da in der Regel eine E-Mail-Adresse angegeben wird (vgl. Döring, 1999).

Chatrooms

Die synchronen, zeitgleichen Kommunikationsformen, wie die Chatrooms stehen im Gegensatz zu den bereits beschriebenen asynchronen Kommunikationsdiensten. In den Chatrooms können zwei oder mehrere Personen unmittelbar miteinander kommunizieren. Ein Chat ist ein geschriebener Dialog in kurzer Zeitabfolge zwischen einer beliebig großen Anzahl von Personen, wobei der eingetippte Text jeweils unmittelbar auf dem Monitor erscheint. Auch hier ist es wiederum möglich, bestimmte Gesprächspartner in einen „privaten Chatroom" zu treffen. Durch Eingabe eines bestimmten Befehls kann dieser Zweierdialog vom allgemeinen Chat aus nicht mehr mitverfolgt werden. Leithäuser et al. (2001) fanden in ihrer Online-Umfrage heraus, dass der wichtigste Aspekt des Chattens, in Chatrooms oder MUD-Spielen, für die User der Austausch mit anderen Menschen ist. Diese Kontakte können, nach Meinung der Mehrzahl der Befragten, zu echten, virtuellen und/oder Realzeit-Beziehungen ausgebaut werden. Ein weiterer Vorteil solcher Kontakte besteht für manche Teilnehmer darin, dass man im „Gespräch" berücksichtigt wird, auch wenn man im wirklichen Leben (real life) eher schüchtern ist. Im Chat wird jeder Text gleichberechtigt wiedergegeben und es ist immer jemand da, mit dem man „reden" kann (vgl. Döring, 1999; Leithäuser et al., 2001). Man kann auch einfach nur lesen (lurken), was andere sich zu sagen haben; diese Art des Chattens ist besonders bei Jugendlichen sehr beliebt.
Allerdings müssen auch im Netz und besonders beim Chatten, Regeln für korrektes beziehungsweise höfliches Verhalten eingehalten werden, welche als Netiquette bezeichnet werden und bereits in den Anfängen der Internetkommunikation von der amerikanischen Net-Gemeinde eingeführt wurden. Sie besagt, dass die „sieben Wörter", welche im US-Fernsehen konsequent weggepiept werden, auch im Internet nicht gebraucht werden sollten und ansonsten das Prinzip von Emanuel Kant als Umgangsregel gilt (Kreisel & Tabbert, 1996).
Als Ansprech-Bezeichnung werden in den verschiedenen Chatrooms Spitznamen sogenannte Nicknames, wie Zuckerbaby, Tigerente, Superman, verwendet. Der Nickname ist der erste Eindruck, dem man den anderen Chattern über die eigene Person vermittelt. Sie werden meist geheimnisvoll gestaltet, um andere Teilnehmer dazu zu bewegen, möglicherweise ein Gespräch über die Bedeutung des Nicknames anzufangen; sie dienen so in vielen Fällen als Gesprächseinstieg. Zudem werden bei dieser Form der Kommunikation schriftliche Abkürzungen ganzer Aussagen, sogenannte Akronyme, wie beispielsweise „lol" (laughing out loud), verwendet. Sie dienen der Zeitverkürzung in den mit relativ hoher

Geschwindigkeit ausgetauschten Dialogen zwischen den Teilnehmern. Je mehr Akronyme der einzelne Chatter beherrscht, desto öfter kann er sich in die laufende Kommunikation einschalten. Eine weitere Form der Dialogbereicherung stellen die sogenannten „Emotings" dar. Dies sind Ausdrücke, wie *kicher*, *seufz* oder kleine Bilder, wie der smiley (☺), die wie in der Comic-Literatur, emotionale Zustände plakativ veranschaulichen sollen. Auch kann die Verwendung normaler Schriftzeichen, wie zum Beispiel der Klammern, eine herzliche Umarmung ausgedrückt werden: ((((((Zuckerbaby)))))) (Döring, 1999). Ein Verzeichnis englischer Begriffe, welche auch von deutschen Chattern benutzt werden, der sogenannte Net Jargon, findet sich unter anderem bei Kreisel und Tabbert (1996).

Eine Weiterentwicklung des Chat ist der Video-Chat, bei dem die jeweiligen Chat-Teilnehmer mittels eines digitalisierten Video-Clips beim Sprechen auf dem Bildschirm sichtbar werden. Hierbei wird auch der Ton digital transferiert und mittels einer Soundkarte im lokalen Rechner wieder hörbar gemacht. Die Kommunikationspartner benötigen lediglich einige an ihren Rechner angeschlossene Hilfsmittel, wie eine sogenannte Web-Kamera, ein Mikrophon sowie die dazugehörige Software und Boxen (vgl. Greenfield, 2000).

MUDs

In der Zeit vor den Internet-Chatrooms, in den 1990er Jahren, war in der dauerhaften, textuell und gegebenenfalls auch graphisch repräsentierten, virtuellen Umgebung der MUDs (Multi User Dungeons/Dimensions) das Chatten bereits üblicher Bestandteil der Kommunikation. Aus technischer Sicht stellt ein MUD keinen Internetdienst dar; es ist vielmehr ein Computerspielprogramm, in das sich die Teilnehmer über das Internet einloggen können. Einer sehr großen Zahl von Mitspielern, meist über 100 Menschen gleichzeitig, wird so ein Kommunikations- und Interaktionsforum geboten. „Der Name MUDDING rührt daher, dass die Rollenspiele oft in der Umgebung von Burgen und Schlössern spielen" (Greenfield, 2000, S. 29). Räumlich verteilte Personen können sich beim Mudden durch dieselbe textbasierte (textbased virtual reality) oder grafische (Avatar-Welt) Umgebung bewegen, Orte und Räume gemeinsam erkunden, Objekte handhaben und erzeugen sowie mit anderen Personen gemeinsam virtuell handeln. Als Avatare bezeichnet man gezeichnete Ganzkörperfiguren, welche aus vorgegebenen Sammlungen ausgewählt oder nach eigenem Geschmack gestaltet werden. Diese Ganzkörperfiguren stellen den virtuellen Online-Charakter des Spielers dar.
Die bekanntesten sind die abenteuer-orientierten MUDs, wie das in Deutschland schon seit den 1990er Jahren bekannte „MorgenGrauen" oder das im Dezember 2002 onlinegegangene „Daemmlicht". Hierbei geht es darum, Rätsel zu lösen und Abenteuer, sogenannte Quests zu bestehen, gegen das Böse in Gestalt anderer Spielerinnen und Spieler oder computergenerierten NPCs (non-player Characters) zu kämpfen, Reichtum bzw. magische Kräfte zu sammeln und in der Hierarchie, beispielsweise zu einem Engel, Zauberer, Gott oder Administrator, aufzusteigen. Als MUD-Administrator darf man das Spiel weiter ausbauen und zum Beispiel neue Herausforderungen sogenannte Quests hinzufügen. Zudem hat man einen Autoritätsstatus gegenüber den gewöhnlichen Spielern (vgl. Döring, 1999).

Es steht inzwischen außer Frage, dass das Internet keine vorübergehende Erscheinung ist. Die Nutzung des Internet entwickelt sich immer mehr zu einem festen Bestandteil des täglichen Lebens eines Großteils der Bevölkerung. Eine Umfrage von Greenfield (2000) ergab, dass Anfang 1998 weltweit von 45 Millionen Computern regelmäßig, am häufigsten von zu Hause aus, über den eigenen Personal Computer, auf das Internet zugegriffen wurde. Es zeigte sich eine Steigerung um 143% bis zum Jahr 2000. Die 7. Befragungswelle der GfK (2000/01) ergab, dass 30% (15,9 Mio.) der Nutzer von zu Hause aus ins Netz gehen und im Vergleich dazu nur 19% (9,9 Mio.) von der Arbeitsstelle, der Universität oder der Schule aus. Nach der neuesten Veröffentlichung von Infra Search gab es im November 2002 weltweit etwa 531,3 Millionen Internet-Nutzer. Das Magazin CW online (2004a) berichtet, dass 2003 70% der Dänen und Schweden (ab 16 Jahren) im Netz sind, jedoch in Griechenland nur 16% der Bevölkerung.

Deutschland liegt die Internetnutzung betreffend im Mittelfeld Europas: „Innerhalb von sechs Jahren ist die Nutzerschaft des Internet um das Siebenfache gestiegen (Tab. 1). Mit Ausnahme des Handys hat kaum eine andere Technologie eine derart schnelle Verbreitung erlebt" (van Eimeren et al. 2002, S. 362). Im Rahmen der 6. ARD/ZDF-Online-Studie zur Internetnutzung berichteten van Eimeren et al. (2002, S. 347) im August 2002, dass beinahe jeder zweite Bundesbürger einen Internetzugang (44,1% bei N = 1011) hatte.
Gegenüber dem Vorjahr ist dies die geringste erfasste Steigerung seit Beginn der Untersuchungen. CW online (2004) und Nielsen/NetRatings (2004) geben an, dass sich die Zahl der Internetnutzer im Jahre 2004 nur noch auf 29,7 Millionen (52,6%) erhöht hat (Tab. 1).

Tab. 1: Entwicklung der Onlinenutzung in Deutschland
Personen ab 14 Jahren

	in Mio.	in %	Differenz zum Vorjahr in %
1997	4,1	6,5%	-%
1998	6,6	10,4%	61%
1999	11,2	17,7%	68%
2000	18,3	28,6%	64%
2001	24,8	38,8%	36%
2002	28,3	44,1%	14%
2003	k. A.	52,0%	k. A.
2004	29,7	52,6%	k. A.

Basis: Onlinenutzer ab 14 Jahre in Deutschland (2002: n=1.001, 2001: n=1.001, 2000: n=1.005, 1999: n=1.002, 1998: n=1.006, 1997: n=1.003). Für 2003 und 2004 (1. Halbjahr), Gesamtzahl der Nutzer in Deutschland
Quellen: van Eimeren et al., 2002, ARD-Online-Studie 1997, ARD/ ZDF-Online-Studien 1998-2002; CW online, 2004; Nielsen/NetRating, 2004

Diese Zahlen decken sich in etwa mit der 7. Befragungswelle (N = 8021) der GFK (2000/01) bei der zu Beginn des Jahres 2001 eine Nutzerquote von 46% (24,2 Mio.) der deutschsprachigen Bevölkerung (ab 14 Jahren) festgestellt wurden. Auf der Netzseite Silicon.de (2003) wird berichtet, dass im Januar 2003 bereits 52% der Bundesbürger online waren. Dies von der 6. ARD/ZDF-Studie erst für Ende 2003 prognostiziert. Dennoch kam es erstmalig zu einem Abflachen des Zuwachses im Jahr 2004.

Betrachtet man die verschiedenen Altersgruppen in der zweiten Tabelle der ARD/ZDF-Studie, so findet man zwischen 1997 und 2001 bei den über 50jährigen die stärksten Wachstumsraten; jedoch ist ihr Anteil an der Gesamtnutzerzahl kleiner als die der anderen Altergruppen (Tab. 2).

Tab. 2: Onlinenutzer in Deutschland von 1997 - 2002 *(Anteil in %)*

	1997	1998	1999	2000	2001	2002
Gesamt	6,5%	10,4%	17,7%	28,6%	38,8%	44,1%
Geschlecht						
männlich	10,0%	15,7%	23,9%	36,6%	48,3%	53,0%
weiblich	3,3%	5,6%	11,7%	21,3%	30,1%	36,0%
Alter						
14-19	6,3%	15,6%	30,0%	48,5%	67,4%	76,9%
20-29	13,0%	20,7%	33,0%	54,6%	65,5%	80,3%
30-39	12,4%	18,9%	24,5%	41,1%	50,3%	65,6%
40-49	7,7%	11,1%	19,6%	32,2%	49,3%	47,8%
50-59	3,0%	4,4%	15,1%	22,1%	32,2%	35,4%
60 und älter	0,2%	0,8%	1,9%	4,4%	8,1%	7,8%
Berufstätigkeit						
in Ausbildung	15,1%	24,7%	37,9%	58,5%	79,4%	81,1%
berufstätig	9,1%	13,8%	23,1%	38,4%	48,4%	59,3%
Rentner/nicht berufstätig	0,5%	1,7%	4,2%	6,8%	14,5%	14,8%

Basis: Onlinenutzer ab 14 Jahre in Deutschland (2002: n=1.001, 2001: n=1.001, 2000: n=1.005, 1999: n=1.002, 1998: n=1.006, 1997: n= 1.003).
Quellen: van Eimeren et al., ARD-Online-Studie 1997, ARD/ ZDF-Online-Studien 1998-2002.

Vergleicht man die verschiedenen Altersgruppen untereinander, so fällt auf, dass im Jahr 2002 der Anteil der 20 bis 29jährigen mit 80,3% die Tabelle anführt. Im Jahr 2003 waren es laut CW online (2004) bereits etwa 84% dieser Altersgruppe.
Der Anteil der weiblichen Internet-Nutzer im Jahr 2002 hat sich auf 36% erhöht. Wie bereits in den vorangegangenen Jahren sind dennoch junge Männer, die über einen höheren Bildungsabschluss verfügen, in der Gruppe der Internet-Nutzer stärker repräsentiert (van Eimeren et al., 2002; S. 348).
„Die Struktur der Nutzerschaft" entspricht, trotz dieses relativ stabilen Kerns der gebildeten jungen Männer, heutzutage mehr dem Durchschnitt der Bevölkerung als noch im Jahr 2000 (van Eimeren et al., 2002, S. 362).
Dies bestätigen auch die Berichte von CW online (2004). Sie geben für 2003 einen Frauenanteil von 58,8% (Männer 42,1%) und für die erste Hälfte des Jahres 2004 eine Aufteilung von 60,4% Frauen zu 45,6% Männer im Netz an.
Die am häufigsten in Anspruch genommenen Angebote des Internet sind nach Angaben Studie von van Eimeren et al. (2002) generell der private E-Mail-Versand und das Surfen im Internet. Wiederum unterscheiden sich die Anwendungen bei den verschiedenen Altersgruppen der Nutzer (vgl. Tab. 3). Die Online-Studie von Hahn & Jerusalem (2001) ergab, dass von den 7091 Befragten die Jugendlichen und jungen Erwachsenen am

meisten die Angebote Chats und Foren (19%), Musik-Informationen oder Musik-Darbietungen (12%) und Spiele ohne Geldeinsatz (5,8%), z.B. die sogenannten MUDs wahrgenommen wurden.

Tab. 3: Onlineanwendungen 2002
mindestens einmal wöchentlich genutzt, in %

	Gesamt	14-19 Jahre
Versenden/ Empfangen von E-Mails	81%	87%
zielgerichtet Informationen suchen	55%	54%
zielloses Surfen im Internet	54%	77%
Downloaden von Dateien	35%	53%
Homebanking	32%	13%
Gesprächsforen, Newsgroups, Chats	23%	59%
Im Hintergrund Musik laufen lassen	17%	41%
Computerspiele	15%	29%
Online-Auktionen, Versteigerungen	13%	15%
Buch-/ CD-Bestellungen	7%	7%
Online-Shopping	6%	5%

Basis: Onlinenutzer ab 14 Jahre in Deutschland (2002: n=1.001), Onlinebenutzer 14-19 Jahre in Deutschland (2002: n=137).
Quellen: ARD-Online-Studie 2002.

Grundsätzlich waren 2000 nach der Marktforschungsagentur Fittkau und Maaß 27% der Internet-Nutzer in Deutschland häufig oder gelegentlich in Chatrooms, das sind etwa 5 Millionen Menschen. Außerdem wird auch hier davon berichtet, dass mehr Frauen als Männer chatten und mehr Jugendliche als ältere Menschen (vgl. Ruzas, 2000). Die Statistik von CW online (2004) zeigt auch für das Jahr 2004, dass das E-Mail weiterhin die häufigste Anwendung der Internetnutzerschaft ist.

Die tägliche Nutzungsdauer ist in den vergangenen Jahren kontinuierlich angestiegen. Die Zahlen der GFK-Online Befragung (2000/01) zeigen, dass mehr von zu Hause aus gesurft wird (30%) als vom Arbeitsplatz oder anderen öffentlich zugänglichen Computern (19,9%) und ebenso mehr an den Wochenenden. Die Angaben der ARD/ZDF-Studie (van Eimeren, 2002, S. 357) verdeutlichen dies: Waren es 1997 am Wochenende noch durchschnittlich 87 Minuten, so sind es 2002 bereits 144 Minuten Online-Zeit; an Werktagen fallen die Zahlen etwas geringer aus, 1997 mit 71 Minuten gegenüber 2002 mit 112 Minuten pro Tag. Im Jahre 2002 waren im Vergleich zu 2001 im Durchschnitt 14 Minuten längere Online-Zeiten pro Person zu beobachten, das entspricht einem Zuwachs von 13% gegenüber dem Vorjahr. Neueste Zahlen von Nielsen/NetRatings (2004) berichten von 90 Online-Minuten pro Tag in Deutschland für die gesamte Woche. Der Altersvergleich der Studie von van Eimeren (2002, S. 357) zeigt ebenfalls, dass die Jugendlichen (14-19 Jahre) und jungen Erwachsenen (20-29 Jahre) an den Wochenenden länger im Netz sind (188 Minuten bzw. 174 Minuten) als die älteren Nutzer (30-39 Jahre = 144 bzw. 40-49 Jahre = 129). Die durchschnittliche Onlinenutzung pro Woche ist laut van Eimeren (2002, S. 357) seit 1997 von 3,3 Tagen auf 5,0 Tage im Jahre 2002 gestiegen.

Obwohl die Mehrheit der Nutzer am Wochenende zu Hause ans Netz geht, klagen viele Unternehmen über den Schaden, der durch extensive Internetnutzung mancher

Mitarbeiter entsteht. Unerlaubtes Mailen, Surfen, Chatten und Spielen während der Arbeitszeit hat in den USA bereits dazu geführt, dass bereits 63% der 1.600 Firmen die Online-Aktivitäten ihrer Mitarbeiter überwachen (Mayerhöfer & Schlesinger, 2001). In der Bundesrepublik sind im Jahr 2000 die ersten Kündigungen oder auch Zwangsversetzungen wegen Arbeitszeitausfall durch zu viel private PC- und Online-Zeit ausgesprochen worden. Ein Beispiel hierfür ist das bekannte Spiel „Moorhuhnjagd", das im Sommer 2000 bzw. Sommer 2002 mit seiner Neuauflage „Moorhuhnjagd 2", sehr beliebt war und immer noch kostenlos aus dem Netz heruntergeladen werden kann. Es enthält eine eingebaute „Cheftaste", die es dem Spieler ermöglicht, jederzeit das Spiel auf Knopfdruck zu verlassen. Arbeitnehmer, die entdeckt werden haben nicht nur im schlimmsten Fall mit einer außerordentlichen Kündigung zu rechnen, sondern können darüber hinaus vom Arbeitgeber wegen Betrugs strafrechtlich verfolgt werden. Als Beweis des vorsätzlichen Betrugs gilt zum Beispiel ein aus dem Netz geladenes und/oder auf dem Firmencomputer abgespeichertes Spiel mit der bereits beschriebenen „Cheftaste" (vgl. Mayerhöfer & Schlesinger, 2001; Wertenauer, 2001).

Einige Nutzer überschreiten die Grenzen des normalen Internet-Gebrauches und entwickeln ein derartiges Verlangen im Internet zu sein, dass sie trotz drohendem Arbeitsplatzverlust und anderen negativen Folgen ihren Internetgebrauch nicht einschränken können.
Hat das Internet sie in seinen Bann gezogen und süchtig gemacht, wie die Forscherin Kimberly Young (1999) in ihrem Buch „Caught in the Net" berichtet? Sind alle Nutzer gleichermaßen von dieser Wirkung betroffen? Handelt es sich bei den Personen, die ihren Internetgebrauch nicht mehr kontrollieren können, um eine neue primäre Störung?

Um diese Fragen beantworten zu können, muss zuerst eine Unterscheidung zwischen exzessiver Nutzung des Internet und der pathologischen Internetnutzung getroffen werden.

1.2 Exzessive und pathologische Internetnutzug

1.2.1 Begriffliche Klärung

Die Entwicklung des Internet gegenüber anderen technischen Errungenschaften wie Telefon, Radio, Fernsehen oder Computer war und ist rasant. In nur vier Jahren erreichte es in den USA 50 Millionen Nutzer, während beispielsweise der Computer 13 Jahre oder das Radio 38 Jahre für die in etwa gleichen Nutzerzahlen benötigten (Eidenbenz, 2002). Unumstritten ist also die große Verbreitung des Internet, doch was geschieht, wenn der Gebrauch dieses Mediums pathologische Züge annimmt?

Von einer pathologischen Internetnutzung spricht man noch nicht sehr lange. Der Begriff "Internet addiction" wurde 1995 von dem Psychiater Ivan Goldberg als Scherzbegriff in einem Internetforum eingeführt und entwickelte sich durch das starke Interesse der Medien, in diesem Fall der Tageszeitung „New York Times", zum Selbstläufer (Eichenberg & Ott, 1999). Interessierte Forscher wie Kimberly Young begannen das Phänomen „pathologische Internetnutzung" zu erforschen. Young (1996,1998; 1999) kam in ihrer Arbeit zu der Überzeugung, dass das Internet ein so ungeheures Suchtpotential aufweist, dass völlig „gesunde" Menschen in kürzester Zeit davon abhängig werden könnten. Diese These wurde jedoch von ihr selbst im Laufe ihrer Forschungsarbeit zum Teil insofern revidiert, dass sie Menschen, mit anderen psychischen Störungen, wie beispielsweise Depressive für besonders gefährdet hält (Young, 1998a).
Auch wenn man nicht mit der These der vom Internet erzeugten Abhängigkeit übereinstimmt, gibt das Internet dem Benutzer das Gefühl endloser Möglichkeiten, mit der Gefahr, sich darin endlos zu verzetteln. Die Abgeschlossenheit einer Lektüre am Ende eines Buches zum Beispiel wird im Internet durch die Vielzahl der Links nie erreicht, sodass immer der Eindruck von etwas Unerledigtem bleibt. Zwar kann dieses Gefühl eines nie endenden Prozesses sehr stimulierend wirken, jedoch trägt die Empfindung zu einem Phänomen bei, das in der Psychologie als „Prinzip der unvollständigen Gestalt" oder auch als „Zeigarnik-Effekt" bekannt ist. Benannt wurde der Effekt nach der russischen Forscherin Bluma Zeigarnik, die zusammen mit Kurt Lewin 1927, erstmals dieses Phänomen erforschte (Lewin, 1981). Der Mensch neigt dazu, sich innerlich mit solchen nicht beendeten Aufgaben auseinanderzusetzen und kehrt deshalb immer wieder, auch gedanklich, zu diesen Aufgaben zurück, bis sie vollständig gemeistert sind (Lewin, 1981). Greenfield (2000) sieht in der Unmöglichkeit der absoluten Beendigung einer Aufgabe, zum Beispiel der Informationssuche zu einem Thema, den „Alptraum eines Zwangsneurotikers". Das Gefühl von Kompetenz wird unmöglich gemacht, „weil es unmöglich ist, etwas zu beherrschen, das unendlich ist, das ist einer der Gründe, weshalb man ständig zurückkommt – man will die Situation meistern" (Greenfield, 2000, S. 55f).
Heute werden im englisch-sprachigen Raum die Begriffe „Internet addiction" von Goldberg (1995), „Internet addiction disorder" von Young (1996) sowie „Pathological Internet Use" (PIU) gleichermaßen häufig verwendet. Im deutsch-sprachigen Raum gibt es ebenfalls drei Bezeichnungen für das Phänomen: Internetabhängigkeit (IA), Internetsucht (IS) und Problematischer oder Pathologischer Internet Gebrauch (PIG), bzw. Pathologische Internet Nutzung (PIN). In den nachfolgend dargestellten Untersuchungen (ab Kapitel 1.2.2) werden die jeweils verwendeten unterschiedlichen Begrifflichkeiten der Originalarbeiten beibehalten, auch wenn es sich zunächst um den exzessiven Internetgebrauch handelt.

1.2.2 Exzessive Internetnutzung als normales Verhalten

Die Nutzung eines neuen Mediums, wie das Internet hat, wie alle Neuheiten eine hohe Anziehungskraft. Dies gilt besonders für junge Menschen. Meist reduziert sich die Euphorie der Anfangsphase (Kapitel 1.2.2.1) mit der Zeit wieder auf ein normales Maß. Entweder weil der Reiz des Neuen im Laufe der Zeit nachlässt oder weil andere Lebensbereiche im Laufe der Entwicklung, beispielsweise der Berufseinstieg, eine wichtigere Rolle einnehmen (Kapitel 1.2.2.2).

Daneben gibt es innere Faktoren, welche eine exzessive Internetnutzung begünstigen, ohne dass dieses Verhalten stets pathologische Züge aufweisen muss. Hierzu gehören Persönlichkeitsmerkmale, wie das „sensation seeking", die erlebte Selbstwirksamkeit oder eine hohe Impulsivität (Kapitel 1.2.2.3).

Anders verhält es sich, wenn die exzessive Internetnutzung als Ausweichverhalten (Kapitel 1.2.2.4) bei bestehenden psychischen oder sozialen Problemen dient. In diesem Fall ist ein Kippen von exzessiver, jedoch normaler Nutzung, zur pathologischen Nutzung des Internets mit suchtartigem Erscheinungsbild möglich.

1.2.2.1 Euphorie der Anfangsphase

Einige Wissenschaftler haben hoch differenziert die unterschiedlichen Facetten der Internetnutzung aufgezeigt. Grohol (1999a) sieht einen phasischen Verlauf der im Internet verbrachten Zeit.

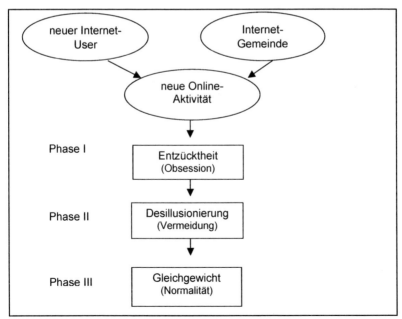

Abb. 1: Modell des Internetgebrauchs von Grohol (1999a), übersetzt von Kratzer

Diese beginnt mit einer Phase der Entzücktheit, in der ein Neuling fasziniert von den Möglichkeiten, zunächst sehr lange Online-Zeiten aufweist. Es folgt nach Grohol (1999a) die Phase der Desillusionierung, in der der Internet-Nutzer auch langsam die Schwächen dieses Mediums kennen lernt, wie beispielsweise die Überschüttung mit unnützen Informationen oder die Kurzlebigkeit von Online-Bekanntschaften. In dieser Phase zieht sich der Nutzer wieder stark von der Internetnutzung zurück, um dann in der Phase der Normalisierung eine Form des Gleichgewichts zu finden, in dem er die Nutzung des Internet zur Kontakt- oder Informationsaufnahme in seinem realen Alltagsleben integrieren lernt (Abb. 1).

Basierend auf der Arbeit von Roberts et al. (1996) macht Walther (1999) die gleiche Beobachtung, dass beispielsweise "online chatten" phasisch verläuft. Die Versuchspersonen waren zunächst entzückt davon (von einigen als Obsession bezeichnet), darauf folgte eine Phase der Desillusionierung beim „online chatten" und ein Absinken dieser Aktivität im Internet. Nach der Phase der Desillusionierung erreichten die Personen eine Art Balance, in der sich das Ausmaß des „online chatten" zeitlich normalisierte (vgl. auch „Neuheitseffekt" bei King, 1999).

Bis 1999 galt trotz der 1996 vorgestellten Studie von Young (1999a) bei einer Reihe von Forschern (vgl. beispielsweise Grohol, 1999, 1999a oder Surratt, 1999) die Annahme, es gäbe keine Störungsform, der man den Namen „Internet-Abhängigkeit" geben könnte. Sie vertreten, nicht unberechtigt, die Ansicht, dass bislang nur einzelne Fallgeschichten und zu wenig Empirie mit zu widersprüchlichen Ergebnissen vorhanden ist, um eine solche Annahme rechtfertigen zu können.

Die Forschungssituation auf dem Gebiet der Internetnutzung hat sich seit 1999 stark verändert (Eichenberg et al., 2003). Eine Vielzahl von Online-Studien zur normalen Internetnutzung in Abgrenzung zur problematischen oder pathologischen Internetnutzung geben beispielsweise für die Bundesrepublik Deutschland eine Zahl von 730.000 Nutzern (3% aller Internetnutzer) an, die laut der Studie von Hahn & Jerusalem (im Druck) einen pathologischen Netzgebrauch aufweisen. Deswegen soll in der vorliegenden Untersuchung ein Fokus auf die Unterscheidung dieser beiden Gruppen pathologischer und nichtpathologischer Internetnutzer gelegt werden.

1.2.2.2 Phänomen im Jugendalter

Auffallend an den Untersuchungen zum Internetge- und missbrauch in den vergangen Jahren ist, dass die meisten On- und Offline-Befragungen mit jungen Menschen bzw. Studenten durchgeführt wurden.
Scherer (1997) untersuchte 531 Studenten mit einem Durchschnittalter von 25 Jahren mittels eines Fragebogens (offline). Dabei stellten sich 13% der Befragten als „pathologische Nutzer" heraus. Anderson (2001) befragte 1.300 Studenten aus 8 verschiedenen Colleges (offline) mit einem nicht standardisierten Fragebogen zu ihrem Internetverhalten und den Auswirkungen des Internetgebrauches auf ihr Studium befragt. 9,8% der Studenten wurden als „pathologisch" eingestuft (von 1.078 netznutzenden Studenten).

Es ist für junge Leute heute "in" online zu sein und sich im Internet auszukennen. Die Jugendlichen nützen das Internet um sich auszutauschen und ihre Freizeit virtuell miteinander zu verbringen. Man könnte annehmen, dass es sich bei der pathologischen Internetnutzung unter Jugendlichen und jungen Erwachsenen, ähnlich dem Alkoholmissbrauch, um ein vorübergehendes Phänomen handelt. Studien mit Jugendlichen bzw. mit jungen Erwachsenen oder Studenten belegen deren erhöhte Vulnerabilität (vgl. auch Kandell, 1998; Scherer, 1997). Morahan-Martin (2001) meint dazu:

"However, the Internet may become the chosen object of abuse because some on-line activities uniquely meet the needs of college students. ... Arguably, the Internet is just the newest outlet for some students to act out their problems" (Morahan-Martin, 2001, p. 211f).

Auch Kandell (1998) bezeichnet College Studenten anfälliger für die pathologische Internetnutzung als andere Gruppen. Die Studenten verbringen laut Kandell (1998) die meiste Zeit in den Studentenheimen und können hier ohne familiären Einfluss ihren Internetgebrauch selbst bestimmen. Die jungen Erwachsenen befinden sich außerdem in einer Phase der Identitätsfindung (Kratzer, 2001) und versuchen mit Hilfe des Internet neue Freunde zu finden und Beziehungen zu knüpfen. Sie werden von Seiten der Lehrer sogar in der Internetnutzung bestärkt, weil das neue Medium als Wissenserweiterung und technischer Fortschritt gesehen wird.

Griffiths (1998) fand in seiner Studie bereits ähnliche Persönlichkeitsmerkmale heraus wie später Morahan-Martin und Schumacher (2000), deren Ergebnisse weiter unten angeführt werden sollen. Der Autor beschreibt die von ihm als pathologisch eingestufte Gruppe wie folgt: „Mit mangelnden sozialen Fähigkeiten ausgestattete männliche Jugendliche, die wenig oder keine sozialen Kontakte und/oder Selbstvertrauen ... haben" (Griffiths, 1998, p. 63, Übersetzung von Kratzer).

Lin und Tsai (2002) führen ebenfalls in ihrer Studie aus, dass die Phase der Jugend, mit ihren Spannungen und Versuchen der Identitätsfindung, mitbestimmend für eine erhöhte Vulnerabilität sein könnte.

Die Befunde von Niesing (2000), gewonnen durch eine Online-Stichprobe von 1045 Personen (davon 68,8% männlich, Durchschnittsalter ca. 23 Jahre) zeigen auch für die Bundesrepublik, dass überwiegend Jugendliche von der Internetabhängigkeit (74 Probanden = 7,1%) betroffen sind. Im Unterschied zu den beiden anderen Altersgruppen (20-29 Jahre, >29 Jahre) erwiesen sich die Netznutzer im Alter von 19 Jahren und jünger (<20 Jahre) in der Studie von Niesing (2000) als besonders gefährdet.

Die jüngste Veröffentlichung zum Thema „pathologische Internetnutzung" bei Jugendlichen kommt aus Finnland. Riittakerttu et al. (2004) haben eine Offline-Studie an einer repräsentativen Stichprobe der 12-18jährigen durchgeführt. Die Fragebögen wurden per Post verschickt und eine Teilnehmerzahl von 7.292 Jugendlichen rekrutiert. Die pathologische Internetnutzung wurde mit Hilfe eines Fragebogens festgestellt, der die Kriterien des pathologischen Spielens zur Basis hatte. Es wurden 1,7% der Jungen und 1,4% der Mädchen als pathologisch eingestuft. Die pathologischen Nutzer sind im Durchschnitt 18,9 Stunden wöchentlich online. Im Gegensatz zur Gruppe der nicht-pathologischen Jugendlichen, die im Durchschnitt nur 9,1 Stunden pro Woche im Netz verbringen.

1.2.2.3 Persönlichkeitsmerkmale

Sensation seeking

Eine besondere Ausprägung des spezifischen Persönlichkeitsmerkmals „sensation seeking" (Zuckerman, 1979, 1994) bei Personen mit pathologischen Internetgebrauch konnte nicht bestätigt werden (Armstrong et al. 2000; Lavin et al., 1999). Verwendet wurde häufig die Sensation-Seeking-Scale von Zuckerman (1979), welche vier Dimensionen aufweist:

- *Nervenkitzel (thrill) bzw. Abenteuersuche (adventure seeking) – vorwiegend körperlich,*
- *Erfahrungs- bzw. Erlebnissuche (experience) – von Reisen bis Drogen gebrauch,*
- *Enthemmung bzw. Impulshaftigkeit (disinhibition) – von Trunkenheit auf Partys bis zu häufig wechselnden Sexualpartnern,*
- *Grad der Intoleranz gegenüber Langeweile (boredom susceptibility).*

Lavin et al. (1999) stellten in der Diskussion ihrer Studie mit 342 Versuchspersonen (39,2% männlich) dar, dass die gefundenen 12,6% (43 Personen) Internetabhängigen einen niedrigeren Wert in der Sensation-Seeking-Scale von Zuckerman 1979, 1994) aufwiesen als die übrigen Befragten. Der Grund hierfür könnte nach Meinung von Lavin et al. eine Einschränkung des sensation seekings auf rein mentale Erlebnisse sein.
Armstrong et al. (2000) rekrutierten in ihrer Online-Studie 50 Versuchspersonen (50% männlich) aus Selbsthilfegruppen und ließen sie verschiedene Fragebögen beantworten. Die verbrachte Internet-Zeit, ermittelt durch die Internet-Use-Survey (Brenner, 1997) korrelierte positiv mit der Addiction-Potential-Scale des MMPI-2 (Hathaway & McKinley, 1989). Eine hohe Selbstwertproblematik (Self-Esteem Inventory von Coopersmith, 1991) korrelierte hoch mit der Internet-Related-Problem-Scale (von den Autoren, nach den Kriterien der Substanzabhängigkeit). Die Auswertung der Sensation-Seeking-Scale von Zuckerman (1979) ergab keinen signifikanten Effekt.

Ein gegenteiliges Ergebnis zu den Studien von Lavin et al. (1999) bzw. Armstrong et al. (2000) wurde von Lin und Tsai (2002) berichtet. Bei dieser taiwanesischen Studie mit 753 Jugendlichen (High School students) aus ganz Taiwan, die per cluster sampling aus allen Schulen dieser Art (High School) rekrutiert wurden, konnten 87 (11,6%, hiervon 80,5% männlich) mit Hilfe eines selbst erstellten Internetabhängigkeits-Fragebogen und der Sensation-Seeking-Scale von Zuckerman (1979) als internetabhängig herausgefiltert werden. Der von Lin und Tsai (2002) benutzte Fragebogen enthielt Items zu den Gebieten "compulsive use/withdrawal" (7 Items), "Tolerance" (10 Items), "Related problems: family, school, health" (8 Items) und "Related problems: interpersonal/finance" (4 Items), die auf einer 8stufigen Likert-Skala beantwortet wurden.
Bei Lin und Tsai (2002) erzielten Internetabhängige signifikant höhere Werte in den Skalen "sensation seeking (gesamt)" und „Enthemmung" bzw. „Impulshaftigkeit" (disinhibition). Innerhalb der Abhängigen-Gruppe ergab sich die Dimension „Impulshaftigkeit" als signifikanter Prädiktor auf die Werte von drei Abhängigkeits-Subskalen: „Impulsive Nutzung/Entzugserscheinung" (compulsive use/withdrawal), „Toleranzentwicklung"

(tolerance) und „verursachte Probleme: Familie, Schule und Gesundheit" (related problems: family, school and health). Interessant ist auch, dass es sich hier um eine Studie mit einer repräsentativen Stichprobe handelt, das heißt, die Interviewten waren weder durch Selbst- noch durch Fremdauswahl schon vorab eingeteilt und trotzdem finden sich hier über 11% mit pathologischer Internetnutzung unter den Jugendlichen. Rotunda et al. (2003) fanden in ihrer Intranetbefragung zum Internetgebrauch der Universität West Florida, mit 393 Studenten (davon 46,4% männlich, Altersdurchschnitt 27,6 Jahre) einen Zusammenhang mit empfundener Langeweile. Mit Hilfe der Boredom Pronesess Scale von Farmer & Sundberg (1986), einer Skala, welche sowohl signifikant mit der Subskale „Boredom Susceptiblity" von Zuckerman (1979), als auch mit dem Missbrauch des Internet korreliert. Die Autoren beschreiben diesen Missbrauch als Gebrauch des Internet zum Abbau von Langeweile, unter Inkaufnahme negativer Folgen für sich selbst oder die Umwelt. Rotunda et al. (2003) stützen damit die Ergebnisse anderer Studien, welche einen Zusammenhang zwischen Langeweile und verschiedenen anderen Abhängigkeiten, wie Rauchen (Carton et al., 1994), pathologisches Spielen (Dickerson et al., 1987) oder Substanzabhängigkeiten im allgemeinen (Iso-Ahola & Crowley, 1991) belegen.

Impulsivität

Zwischen dem Persönlichkeitsmerkmal Impulsivität und der pathologischen Internetnutzung (selbsterstellte Internetsuchtskala) besteht nach den Ergebnissen von Niesing (2000) ein signifikanter Zusammenhang. Personen mit pathologischer Internetnutzung weisen überdurchschnittlich häufiger hohe Impulsivitätswerte (Impulsivitätsskala von Barratt, 1994) als nicht-pathologische Nutzer auf. Unter anderem haben hoch impulsive Nutzer im Vergleich zu niedrig impulsiven besonders große Probleme das Internet kontrolliert zu nutzen (Niesing, 2000). Pathologische Nutzer sind nach den Ergebnissen von Hahn und Jerusalem (2001a, im Druck) sowohl kognitiv, hinsichtlich ihrer Verarbeitungsgeschwindigkeit, als auch motorisch, impulsiver. Außerdem weisen sie einen erhöhten Mangel an zukunftsorientierten Problemlösestrategien auf. In diesen Untersuchungen wurde das Augenmerk auf das Persönlichkeitsmerkmal Impulsivität gelegt. Eine hohe Impulsivität stellt noch keine klinische Störung dar. Anders verhält es sich jedoch mit einer Impulskontrollstörung nach ICD-10. Hier nimmt die Impulsivität ein pathologisches Ausmaß an (z.B. Kleptomanie), durch das die Betroffenen und/oder Dritte gefährdet werden. Orzack (1998) und Shapira (1998) zum Beispiel verstehen die pathologische Internetnutzung als klinisch bedeutsame Störung der Impulskontrolle (Kapitel 1.2.3.1).

Selbstwirksamkeit

Das Gefühl der Selbstwirksamkeit des Nutzers ist ein weiterer Bereich, der von einigen Studien zur pathologischen Internetnutzung genauer untersucht wurde.
In der Studie von Hahn und Jerusalem (2001a) wurde bei Nutzern mit pathologischem Internetgebrauch nachgewiesen, dass eine hohe positive Erwartung an den Nutzen des Internet für den persönlichen Erfolg im Leben besteht. Diese jungen Menschen erhofften sich z.B. Informationen für Beruf und Studium bzw. mehr Kontakt zu anderen. Dabei können diese pathologischen Nutzer ihren Internetgebrauch sehr schlecht selbständig

kontrollieren (mangelnde Selbstkontrolle). Nach den Studien dieser Autoren können auch ein geringes Selbstwertgefühl, soziale Ängstlichkeit sowie soziale Konflikte (zum Beispiel Partnerkonflikte), Einsamkeit und Depressivität in Zusammenhang mit ungünstigen Bewältigungsstilen als Risikofaktoren für pathologische Internetnutzung angenommen werden (Hahn & Jerusalem, im Druck).

Wang (2001) fand jedoch in einer australischen Studie mit 217 Versuchspersonen im Alter von 17-57 Jahren keinen Zusammenhang zwischen psychosozialer Reife, wahrgenommener Selbstwirksamkeit und Internetabhängigkeit.

LaRose et al. (2003) wiederum fanden in ihrer Untersuchung an 465 College-Studenten (61% männlich) unter anderem einen positiven signifikanten Zusammenhang zwischen Depression und einem Mangel an Selbstregulation sowie einen positiven signifikanten Zusammenhang zwischen einem Mangel an Selbstregulation und der Nutzung des Internet.

Ähnlich wie schon bei Hahn und Jerusalem (2001) fanden auch LaRose et al. (2003a) einen positiven signifikanten Zusammenhang zwischen internetbezogener Selbstwirksamkeit und der Internetnutzung.

1.2.2.4 Ausweichverhalten

Manche Menschen mit sozialen, zwischenmenschlichen oder psychischen Problemen versuchen diese zu verdrängen oder ihnen auszuweichen. Derartige Verhaltensweisen stellen eine meist inadäquate Art und Weise dar, Probleme des Lebens zu umgehen. Solche Probleme können psychische Störungen (wie depressive Verstimmungen oder Angst), schwere Krankheiten, Behinderungen sowie Beziehungsproblematiken oder auch lange Arbeitslosigkeit sein (vgl. Turkle, 1999, Greenfield, 2000). Ebenso ist die Art der vermeintlichen Problemlösung unterschiedlich. Es kommt letztlich auf den einzelnen selbst an, ob er einen Roman nach dem anderen liest, um vor der Realität zu flüchten, stundenlang vor dem Fernseher verharrt, anstatt mit seinem Partner über ein Beziehungsproblem zu sprechen, sich betrinkt, um die Arbeitslosigkeit zu ertragen oder sich ins Internet einloggt, um beim Chatten seinen Liebeskummer zu verdrängen.

Unabhängig davon, aus welchem inadäquatem Bewältigungsversuch (vgl. Suler, 1999) heraus das Internet genutzt wird, kann sich die Person nach einem kurzzeitigen Ausweichverhalten, wie der exzessiven Internetnutzung, wieder der tatsächlichen Problemlösung zuwenden.

Es kann sich jedoch auch ein sich verselbständigendes suchtartiges Verhalten durch die kurzzeitig positiven Effekte beispielsweise der Internetnutzung entwickeln. Nach dem Prinzip der operanten Konditionierung (Skinner, 1953) erhöht sich die Auftrittswahrscheinlichkeit eines Verhaltens, wenn es zu positiven Konsequenzen führt, die sogenannte positive Verstärkung. Die zweite Variante, negative Verstärkung genannt, erhöht die Auftrittswahrscheinlichkeit eines Verhaltens, wenn es durch dieses Verhalten zur Beseitigung negativer Situationen kommt. Beim pathologischen Spiel fungiert zum Beispiel das Gewinnen als positiver Verstärker; wie die durchgeführten Experimente von Lewis und Duncan (1956, 1957) bzw. Levitz (1971) zeigen konnten. Hinzu kommt, dass eine Person dazu geneigt ist, bei Spannungsreduktion oder Stimmungsaufhellung nach Beginn eines bestimmten Verhaltens oder Einnahme eines Suchtmittels, dies bei Stressempfinden zu wiederholen (vgl. Clark & Sayette, 1993). Es konnte in mehreren Versuchen für die

Einnahme von Substanzen (Marlatt et al., 1975; King et al., 1993; Buckstein et al., 1992; Hasin et al., 1985; McFall et al., 1992; Higuchi et al., 1993) bestätigt werden, dass Menschen, die an einer Depression, einer Angststörung, einer Ess-Störung oder einem Posttraumatischen Belastungssyndrom leiden, signifikant häufiger zu Missbrauch neigen.

Durch die Verstärkungsmechanismen wird eine zunehmende Bindung an das Suchtmittel bzw. das suchtartige Verhalten erzeugt, wobei nach McMurran (1994) noch eine individuell vorhandene Vulnerabilität hinzukommt. Durch das Erzielen kurzfristiger Vorteile und/oder Belohnungen motiviert, wird die süchtige Handlung beibehalten und langfristige negative Konsequenzen verschärfen sich oder es werden neue Probleme verursacht, die das Suchtverhalten fördern. In vereinfachter Form kann man nach Meyer & Bachmann (2000, S. 103) diesen Circulus vitiosus für den pathologischen Internetgebrauch wie folgt darstellen (Abb. 2):

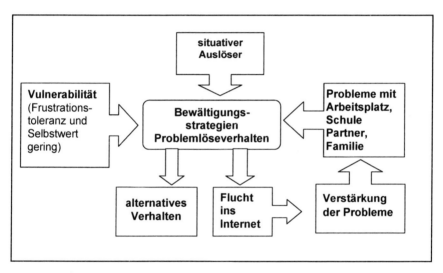

Abb. 2: Teufelskreis von suchtartigem Verhalten am Beispiel Internet (Meyer & Bachmann, 2000, S. 103, modifiziert von Kratzer)

Die Entscheidung für die pathologische Internetnutzung als Bewältigungsstrategie für belastende Lebensanforderungen setzt weiterhin voraus, dass Handlungsalternativen fehlen, d. h. die bestehenden Problemlösungskompetenzen eingeschränkt sind (vgl. Möller, 1994; Petry, 1996).

Wie in Abbildung 2 gezeigt wurde, kann die pathologische Internetnutzung als Ausweichverhalten gesehen werden. Bislang werden solche suchtartigen Verhaltensweisen im Klassifikationssystem des ICD-10 (Dilling et al., 1993) als „abnorme Gewohnheiten und Störungen der Impulskontrolle (F60)" bezeichnet (Kapitel 1.2.3.1). Innerhalb der Suchtforschung wird jedoch die Zugehörigkeit einiger dieser Störungen (z.B. pathologisches Spielen, Essstörungen) zu den nicht-stofflichen Abhängigkeitsformen diskutiert (Kapitel 1.2.3.2).

1.2.3 Exzessive Internetnutzung als pathologisches Verhalten

1.2.3.1 Pathologische Internetnutzung als Störung der Impulskontrolle

Menschen mit einer Impulskontrollstörung können einem Impuls, einem Antrieb oder einer Versuchung zu Handlungen, die für sie selbst und/oder andere schädlich sind, nicht widerstehen. Die Betroffenen erleben vor der Handlung oftmals eine anwachsende Spannung oder Erregung und während der Ausführung Gefühle von Befriedigung, Entspannung oder Vergnügen. Einige empfinden danach Schuldgefühle, Reue oder Selbstvorwürfe, welche aber eine Wiederholung der Tat nicht verhindern. Diese Störungen verursachen großes Leid für die Betroffenen und deren Umwelt (Herpertz, 2001). Als Störungen der Impulskontrolle sind im ICD-10 die Trichotillomanie, die Pyromanie und die Kleptomanie aufgeführt (Bronisch, 2003). Die Trichotillomanie wird beschrieben als zwanghaftes Ausreißen der eigenen Kopfbehaarung, die Pyromanie als vorsätzliches Feuerlegen, ebenso wie die übermäßige Beschäftigung mit Feuer und dessen Bekämpfung und die Kleptomanie als Stehlen von Gegenständen, die nicht für den persönlichen Bedarf oder zur Bereicherung dienen. Eine Form der Persönlichkeitsstörung wird in der Literatur meist zu diesem Spektrum zugehörig gesehen (Ebert, 1999), die emotional instabile Persönlichkeitsstörung vom impulsiven Typ. Hierbei handelt es sich um Episoden des Versagens, aggressive oder gewalttätige Handlungen zu unterdrücken. Das pathologische Kaufen (Oniomanie) kann bislang unter der „nicht näher bezeichneten abnormen Gewohnheit und Störung der Impulskontrolle" klassifiziert werden. Hierunter werden tägliche oder episodisch auftretende Kaufattacken von mengenmäßig zuviel gleicher Waren oder sinnloser Dinge verstanden (Müller et al., 2005).
Eine weitere, für die vorliegende Arbeit bedeutendste Impulskontrollstörung ist das pathologische Spielen. Im ICD-10 F63.0 (Dilling et al., 1993, S. 236f, Tab. 4) wird diese Störung als wiederholte Episoden des Glücksspiels ohne Gewinn, die in der Folge im Allgemeinen die Interessen der betroffenen Person oder anderer Menschen schädigen, beschrieben.

Tab. 4: Leitlinien der Diagnostik des pathologischen Glücksspiels nach ICD-10

(1)	Die Störung besteht in häufig wiederholtem episodenhaftem Glücksspiel, das die Lebensführung der betroffenen Person beherrscht und um Verfall der sozialen, beruflichen, materiellen und familiären Werte und Verpflichtungen führt.
(2)	Die Betroffenen setzen ihren Beruf und ihre Anstellung aufs Spiel, machen hohe Schulden und lügen oder handeln ungesetzlich, um an Geld zu kommen oder um die Bezahlung von Schulden zu umgehen.
(3)	Sie beschreiben einen intensiven, kaum kontrollierbaren Drang zum Glücksspiel, der verbunden ist mit einer gedanklichen und bildlichen Beschäftigung mit dem Glücksspiel und seinen Begleitumständen. Die gedankliche Beschäftigung und die Drangzustände verstärken sich häufig in belastenden Lebenssituationen.

Auf der Basis der Störungen der Impulskontrolle kann nun das Phänomen der pathologischen Internetnutzung als phänomenologisch verwandt betrachtet werden (vgl. Petry, 2003). Beard und Wolf (2001) sowie Wallace (1999) sehen Diagnoseinstrumente basierend auf den Kriterien der Impulskontrollstörungen bzw. der stoffungebundenen Abhängigkeiten als fruchtbare Ausgangsbasis für weitere Studien, die diese Kriterien für die pathologische Internetnutzung validieren und erweitern sollen.
Analog zu den diagnostischen Kriterien der Störungen der Impulskontrolle, nach DSM-IV (Saß et al., 1998) oder nach ICD-10 (Dilling et al., 1993) – unter besonderer Berücksichtigung des pathologischen Spielens (F63.0) – hat die American Psychological Association zehn Kriterien für eine Beurteilung der sogenannten Internet-Abhängigkeit herausgegeben (APA, 1999, Übersetzung von Kratzer, Abb. 3).
Vorerst dient die Beurteilung der APA jedoch ausschließlich als Selbsteinschätzung für mögliche Betroffene, sie soll aber, je nach Forschungsstand, möglicherweise als neue Form einer Impulskontrollstörung in einer kommenden Erweiterung des Diagnostischen Manuals psychischer Störungen (DSM V) aufgenommen werden. Einige Forscher, wie Young (1998, 1998a bzw. 1999, 1999a; Young & Rogers, 1998), Zimmerl und Panosch (1998), Greenfield (1999, 2000) oder Treuer et al. (2001) haben ebenfalls in ihren Publikationen oder Ratgebern für Gefährdete solche Selbsteinschätzungsskalen auf der Basis der Störung der Impulskontrolle veröffentlicht.

1. Beschäftigung mit dem Internet (daran denken), auch wenn man offline ist
2. Toleranzsteigerung: Immer mehr Zeit im Internet verbringen, um zufrieden zu sein
3. Unfähigkeit, den Internet-Gebrauch zu kontrollieren
4. Nervosität und Reizbarkeit bei dem Versuch Internet-Gebrauch zu reduzieren oder ganz darauf zu verzichten
5. Das Internet als Mittel/Weg um vor Problemen zu fliehen oder schlechtes Befinden (Hilflosigkeits- oder Schuldgefühle, Angst, Depression) zu bessern
6. Verheimlichung des Ausmaßes der Beschäftigung mit dem Internet vor der Familie oder Freunden
7. Gefahr oder Verlust von Arbeit, Ausbildungs- oder Karrieremöglichkeiten oder zwischenmenschliche Beziehungen wegen der übermäßigen Beschäftigung mit dem Internet
8. Weiterführen der übermäßigen Beschäftigung mit dem Internet, auch wenn negative Folgen bekannt sind
9. Entzugserscheinungen im Offline-Zustand
10. Immer wieder länger Online bleiben, als geplant

Abb. 3: Kriterien der Internet-Abhängigkeit – (APA, 1999; Übersetzung von Kratzer)

Einige Studien wurden unter dem Blickwinkel der pathologischen Internetnutzung als Impulskontrollstörung insbesondere mit Bezug auf das pathologische Glücksspiel durchgeführt.
Hierbei wurde unter anderem der Begriff „Sucht" von Zimmerl und Panosch (1998) als übertrieben gerügt. Sie geben zu bedenken, dass der Begriff „Sucht" bei den Befragten im

Chatroom mit einer gewissen Koketterie verwendet wurde. Sie führten eine Online-Studie mit 473 Teilnehmern eines deutschsprachigen Chatrooms durch (Alter von 18-40 Jahren, 55% männlich), bei der 12,7% als süchtig eingestuft wurden. Für diese Einstufung mussten die Probanden mindestens vier der sieben Kernfragen des Fragebogens von Zimmerl und Panosch (1998) mit „richtig" beantwortet haben. Insbesondere das Chatten wird von den meisten Abhängigen (30,8%) als süchtiges Verhalten angegeben.

Greenberg, Lewis und Dodd (1999) fanden in ihrer Studie mit College-Studenten, dass Internetabhängigkeit zum einen, moderat bis hoch, mit anderen Arten der substanzbezogenen Abhängigkeit, wie beispielsweise Alkohol und Zigaretten und zum anderen mit Störungen der Impulskontrolle, wie zum Beispiel Spiel- bzw. Videospiel-Abhängigkeit, korreliert.

Treuer et al. (2001) fanden bei ihrer Online-Untersuchung an 92 Personen (86% männlich) in Ungarn ebenfalls Hinweise auf eine Zugehörigkeit des Phänomens der Internet-Abhängigkeit zu den Störungen der Impulskontrolle. Unter anderem berichteten 82% der Befragten ein starkes Bedürfnis „online zu gehen", wenn sie nicht im Internet waren; 92% dachten, dass die Welt ohne das Internet ein leerer und langweiliger Raum wäre; 77% der Befragten hatten Tagträume, die sich um das Internet drehten; 81% wurden sehr nervös, wenn die Internetverbindung langsam war; 43% berichteten depressive Stimmung und Schuldgefühle, wenn sie länger im Netz waren; 71% gaben an, sich aggressiv zu verhalten, wenn sie von anderen beim Surfen gestört wurden (Treuer et al., 2001).

Innerhalb des Diagnosefeldes der Störungen der Impulskontrolle weisen die Ergebnisse einiger Studien die Nähe des problematischen oder pathologischen Internetgebrauchs zum pathologischen Glücksspiel auf (vgl. Zimmerl & Panosch, 1998). Fisher und Griffiths (1995) stellten fest, dass Spielautomaten und Video- und Computerspiele, wie auch die online gespielten Multi User Dungeons, einige wichtige strukturelle Charakteristiken gemeinsam haben. Sie fordern beide eine Antwort auf einen Stimuli, welcher durch die Software-Schleife bestimmt wird; hinzu kommen starke Konzentration und eine gute Auge-Hand-Koordination. Die Schnelligkeit des Spielers kann die Dauer des Spieles gegebenenfalls verlängern und es gibt auditive und visuelle Belohnungen (z.B. aufblitzende Lichter oder Medaillen die durch die Administratoren verliehen werden) für gute Spielzüge oder Punkte bzw. Geld beim Gewinn des Spiels. Eingeblendete Highscore-Listen, die den Spielern ihren Rang bzw. Stand anzeigen und nicht zuletzt die Gelegenheit, bei der Peer-Gruppe Aufmerksamkeit und Anerkennung durch Kompetenz zu erlangen, sind bei beiden Beschäftigungen gegeben (vgl. auch Griffiths & Wood, 2000; sowie Aarnodt, 1998 und Koepp et al., 1998 für die biologischen Verstärkertheorien).
Everhard (2001) führte eine Studie zum pathologischen Online-Spielen durch. 240 Versuchspersonen wurden anhand der modifizierten Spielsuchtskala (5 von 10 Fragen wurden abgeändert verwendet) in pathologische (P) und nicht-pathologische Spieler (NP) eingeteilt. Die P-Gruppe hatte ein ungefähres Durchschnittsalter von 22 Jahren und war damit jünger als die NP-Gruppe. Die P-Gruppe waren größtenteils Männer; sie verbrachten mehr Zeit online, fühlten sich aggressiver beim Spielen, verloren mehr das Zeitgefühl, verbrachten mehr Zeit mit Online-Freunden als mit ihren Freunden im realen Leben und gaben mehr Geld als geplant für neue Online-Spiele aus, als die NP-Gruppe. Die Ergebnisse der Studie unterstützen die Annahme Everhards (2001), dass pathologische Spieler mehr von den Online-Spielen abhängig sind, als von anderen

Angeboten des Internet, also das Spielen für sie im Vordergrund steht, ganz gleichgültig, ob on- oder offline.

Bei der Zuordnung der Impulskontrollstörungen, wie dem pathologischem Spielen zum Bereich der Persönlichkeitsstörungen des ICD-10, herrscht in der wissenschaftlichen Gemeinschaft keine Einigkeit. Besonders Vertreter der Suchtforschung plädieren für die Zugehörigkeit der Impulskontrollstörungen zum neu zu erstellenden Bereich der nicht-stofflichen Abhängigkeiten, wie im Folgenden gezeigt wird.

1.2.3.2 Pathologische Internetnutzung als nicht-stoffliche Abhängigkeit

Theoretisches Modell und diagnostische Kriterien

Seit einigen Jahren bezieht die Deutsche Hauptstelle für Suchtforschung die Impulskontrollstörung „pathologisches Spielen" in ihre Berichte mit ein (DHS, 2004). Die moderne Suchtforschung verzichtet auf die eng gefasste Begrifflichkeit von stofflicher Sucht bzw. Abhängigkeit zugunsten eines weiter gefassten Konzeptes. Sie stellt die psychische vor die physische Abhängigkeit und bereitet damit den Weg, die stoffgebundene Sucht, wie die Alkohol- oder Drogensucht durch nicht-stoffliche oder verhaltensmäßigen Abhängigkeitsformen (Abb. 4) zu ergänzen (vgl. Kellermann, 1988; Brown, 1997).

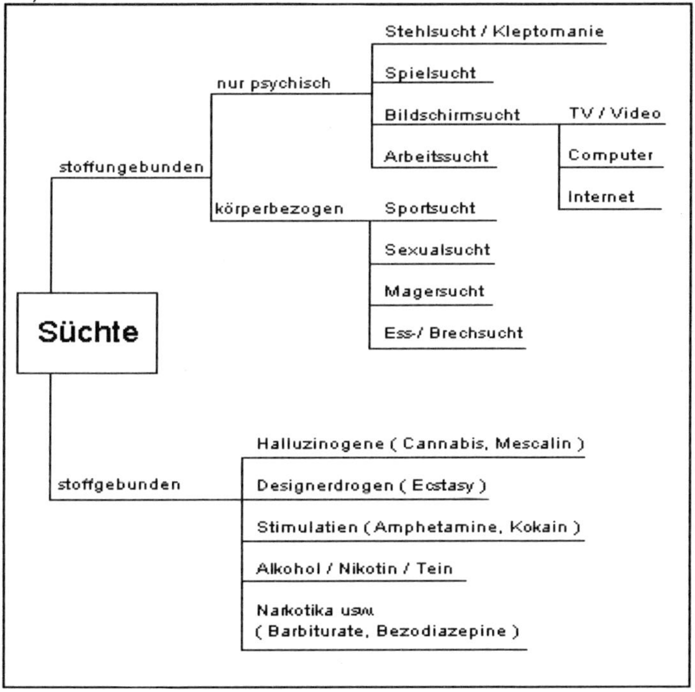

Abb. 4: Mind-Mapping über Suchtverhalten (Jahn, 2001, S. 20, modifiziert von Kratzer)

Die „Abnormen Gewohnheiten und Impulskontrollstörungen", wie Essstörungen oder Kleptomanie und pathologisches Spielen könnten somit den nicht-stofflichen Suchtformen zugeordnet werden (vgl. auch Marks, 1990; Möller, 1994; Petry, 1996; Rosenthal & Lesieur, 1996; Jahn, 2001). Die pathologische Internetnutzung wäre nach diesem Modell eine Art der technikbezogenen suchtartigen Verhaltensweisen, wie das exzessive Computerspielen.

Eine mögliche Definition, welche für alle Suchtformen gleichermaßen Gültigkeit besitzt ist die Suchtdefinition von Wanke (1985, S. 20):

„Sucht ist ein unabweisbares Verlangen nach einem bestimmten Erlebniszustand. Diesem Verlangen werden die Kräfte des Verstandes untergeordnet. Es beeinträchtigt die freie Entfaltung der Persönlichkeit und zerstört die sozialen Bindungen und Chancen des Individuums".

Als zuverlässige und für alle Suchtformen gültige Symptome gelten der subjektiv empfundene *Kontrollverlust* und die *starke Bindung* an das Suchtmittel, die *Eigendynamik* des Verlaufs und die *Toleranzentwicklung*. Beenden oder Einschränken des Suchtmittels oder ein kontrollierter Konsum des Suchtmittels über einen längeren Zeitraum ist durch den Verlust der Kontrolle unmöglich. Dies gilt bei einigen Suchtmitteln (Alkohol, Heroin) sogar für abstinent gewordene Süchtige ein Leben lang.
Das Kennzeichen der *starken Bindung* an das Suchtmittel ist die beherrschende und überdauernde psychische Abhängigkeit vom Suchtmittel, das sich für den Süchtigen bis hin zur zentralen Bedeutung der aktuellen Lebenssituation entwickelt. Dies kommt in der *Eigendynamik* der Sucht zum Ausdruck, bei der im Verlauf der zunehmenden Abhängigkeit eine Einengung der früheren Lebensvollzüge zu Gunsten einer Fixierung auf das Suchtmittel zu erkennen ist. Durch die *Toleranzentwicklung* gegenüber dem Suchtmittel entsteht eine immer weiter abnehmende Befriedigung bei zunehmender Quantität des Konsums (ICD-10, Dilling et al., 1993, S. 92f, Tab. 5).
Hinzu kommen *fakultative Merkmale*, wie unwiderstehliches Verlangen (Zwang) nach dem Suchtmittel (craving), wiederholte Versuche, den Konsum einzuschränken oder zu beenden, Entzugserscheinungen bei Einschränkung oder Abstinenz, Vermeidungsverhalten, um durch den Konsum den vorgenannten Entzugserscheinungen zu entgehen, körperliche Abhängigkeit bei stofflichen Suchtformen, die Verleugnung oder Vertuschung der Sucht sowie das Anhalten des Konsums trotz absehbarer individueller und sozialer Folgeschäden, wie Arbeitsplatzverlust und/oder soziale Isolation (vgl. auch Kryspin-Exner, 1994; Gross, 1995).

Für eine Diagnose einer stofflichen Sucht müssen nach ICD-10 (Dilling et al., 1993) mindestens drei der Kriterien innerhalb eines Jahres manifestiert sein. Die Diagnose einer nicht-stofflichen Suchtform ist nicht möglich. Um das Merkmal der impulsiven Handlung hervorzuheben, wurde bisher nur einzelnen Verhaltensweisen Diagnosekriterien (ICD-10, Dilling et al., 1993) zugeordnet und wie bereits dargestellt, als Störungen der Impulskontrolle ausgewiesen (Kapitel 1.2.3.1).

Tab. 5: Leitlinien der Diagnostik von Substanzabhängigkeit nach ICD-10

(1) Ein starker Wunsch oder eine Art Zwang, psychotrope Substanzen zu konsumieren.

(2) Verminderung der Kontrollfähigkeit bezüglich des Beginns, der Beendigung und der Menge des Konsums.

(3) Ein körperliches Entzugssyndrom (siehe F1x.3 und F1x.4) bei Beendigung oder Reduktion des Konsums, nachgewiesen durch die substanzspezifischen Entzugssymptome oder durch die Aufnahme der gleichen oder einer nahe verwandten Substanz, um Entzugssymptome zu mildern oder zu vermeiden.

(4) Nachweis einer Toleranz. Um die ursprünglich durch niedrigere Dosen erreichten Wirkungen der psychotropen Substanz hervorzurufen, sind zunehmend höhere Dosen erforderlich (eindeutige Beispiele hierfür sind die Tagesdosen von Alkoholikern und Opiatabhängigen, die bei Konsumenten ohne Toleranzentwicklung zu einer schweren Beeinträchtigung oder sogar zum Tode führen würden).

(5) Fortschreitende Vernachlässigung anderer Vergnügen oder Interessen zugunsten des Substanzkonsums, erhöhter Zeitaufwand, um die Substanz zu beschaffen, zu konsumieren oder sich von den Folgen zu erholen.

(6) Anhaltender Substanzkonsum trotz Nachweises eindeutiger schädlicher Folgen, wie z.B. Leberschädigung durch exzessives Trinken, depressive Verstimmungen infolge starken Substanzkonsums oder drogenbedingte Verschlechterung kognitiver Funktionen. Es sollte dabei festgestellt werden, daß der Konsument sich tatsächlich über Art und Ausmaß der schädlichen Folgen im klaren war oder daß zumindest davon auszugehen ist.

Einige Forscher (Scherer, 1997; Griffiths, 1995, 1998, 1999a und Seemann et al., 2000) überprüfen in ihren Studien zur pathologischen Internetnutzung das Vorhandensein der Kriterien einer Abhängigkeitsstörung nach ICD-10 (Dilling et al., 1993). Beispielhaft soll hier die Einteilung nach Seemann angeführt werden:

1. Starkes Verlangen oder eine Art Zwang zum Internet-Gebrauch
2. Verlust der Kontrolle über die Zeit, wenn man online ist
3. Entzugserscheinungen (z.B. starke Nervosität und Unruhe) nach Verzicht auf den Internet-Gebrauch
4. Rückzug aus dem direkten sozialen Leben
5. Probleme mit der sozialen Umwelt (Arbeitsplatz, Schule, Eltern, Partner)
6. Fortführung des schädlichen Verhaltens trotz Bewusstsein der negativen Folgen

Hinzu kommt eine Rückfallneigung bzw. die Unmöglichkeit der Abstinenz oder Einschränkung.

Bei Griffiths (1998, 1999a) findet sich zusätzlich der Faktor der „Salienz oder des Aufforderungscharakters" des Internet.

Subtypen

Young et al. (1999) oder Davis (2001) unternehmen den Versuch, verschiedene Subtypen der pathologischen Internetnutzung, ebenfalls in Anlehnung an eine Abhängigkeitsstörung zu umschreiben: Abhängigkeit von Cybersex, von Online-Börsenspekulationen und Online-Glücksspielen, Abhängigkeit von Online-Beziehungen, Abhängigkeit vom Surfen und E-mail-checken, usw.. Exemplarisch hierfür sollen die Formen der pathologischen Internetnutzung nach Young (1998b) angeführt und erläutert werden, wobei die Computerabhängigkeit (5) keiner weiteren Beschreibung bedarf:

1. *Cybersexabhängigkeit*: Chat-Räume für Erwachsene, Sex und Erotik
2. *Abhängigkeit von virtuellen Gemeinschaften/Freundschaften*: Freunde in Online-Chats, MUDs, Newsgruppen, Cyberaffaire
3. *Zwanghafte Nutzung von Netzinhalten*: Online-Spielen, Online-Wetten, Online-Wetten, Online-Auktionen, Online-Handeln (Kaufen und Verkaufen)
4. *Information Overload bzw. Dataholics, Infojunkies*: Informationssucht, Information als Droge, Daterbanksysteme, Echtzeit-On-Time-Up-to-Date-Informationssysteme
5. *Computerabhängigkeit*: Computerspiele, Programmieren (hauptsächlich bei Männern, Kindern und Teenagern)

Ad 1: Eine pathologische Nutzungsform in Verbindung mit dem Internet, die besonderes Augenmerk der Forschung auf sich gezogen hat ist die der virtuellen Sexualität. Cybersex ist, ähnlich dem Telefonsex, ein gegenseitiger schriftlicher Austausch mit erotischem Inhalt, um sexuelle Erregung zu verspüren bzw. einen sexuellen Höhepunkt zu erreichen. Die Begriffe Porno und Sex zählen zu den Top Ten der Suchbegriffe (Suchmaschinentricks, 2004). Nach Cooper et al. (1999, 1999a) erklären die drei Faktoren „Erreichbarkeit, Erschwinglichkeit und Anonymität" das große Interesse der Nutzer an Cybersex (vgl. auch Pratarelli et al., 1999). Das Angebot der Online Magazine und

Webcam Seiten oder die vielbesuchten Kontaktbörsen ist unüberschaubar geworden (Griffiths, 2001). Die Ansichten der Forscher gehen hier stark auseinander. Die Journalistin Claire Benedikt (1995) beispielsweise veröffentlichte im Internet einen Artikel zugunsten des sicheren Cybersex („Tinysex is Safe Sex"), da er ohne Körperkontakt stattfindet. Dagegen sprechen Forscher wie Griffiths (2001) von Internet Sex Addiction (vgl. auch Cooper et al., 2000; Delmonico & Carnes, 1999) und Untersuchungen, welche ein erhöhtes Risiko zur HIV-Infektion bei Paaren fanden, die sich durch das Netz kennen gelernt haben und sich offline zu sexuellen Handlungen treffen (Gauthier & Forsyth, 1999; McFarlane et al., 2000).

Ad 2: Eine weitere Form personenbezogener Abhängigkeiten in Zusammenhang mit der Internetnutzung sind die sogenannten Online-Beziehungen. Darunter versteht man in erster Linie Bekanntschaften bzw. Freundschaften, die sich durch computergestützte Kommunikation in Chatrooms, Newsgroups oder per E-mail entwickelt haben.
Mitunter entstehen aus solchen Freundschaften auch Internet-Romanzen (Cornwell & Lundgren, 2001; Cooper & Sportolari, 1997; Parks & Floyd, 1996), welche manchmal auch im realen Leben weitergeführt werden (Bahl, 1997). Hierbei kann unter Umständen Cybersex vorkommen, er spielt jedoch eine eher untergeordnete Rolle. Bei bereits bestehenden Partnerschaften kann wiederum eine bloße Cyber-Affäre zu verstärkten Konflikten in der Beziehung führen. Die Ergebnisse der Studie von Peris et al. (2002) zeigen beispielsweise, dass Personen, die nicht in Cybersex-Affären verwickelt sind, eine höhere Qualität in ihren realen Paarbeziehungen haben als Paare, bei denen einer der Partner zusätzlich virtuelle Liebesbeziehungen aufrechterhält. Die Autoren sehen eine gesteigerte Motivation zu Cybersex als Folge schlechter Paarbeziehungen, die wiederum bestehende Konflikte noch verstärken.

Ad 3: Ein anschauliches Beispiel für die zwanghafte Nutzung von Netzinhalten stellt das Online Glücksspiel dar. Im Gegensatz zum pathologischen Glücksspiel (ICD-10, DSM IV) unterscheidet sich das Spielen in Online-Casinos nach Griffiths (1999), King (1999) und King und Barak (1999) in Folgendem: Online-Casinos sind anonym, immer geöffnet, ohne Zugangskontrollen, ohne Zeitdruck von Seiten der Croupiers und die Gewinnwahrscheinlichkeit wird von einer Software geregelt.
Bislang liegen keine Angaben zur Verbreitung pathologischen Glücksspiels im Internet vor (King, 1999). Die Zahl der Anbieter und die damit verbundene potenzielle Gefährdung, zum Beispiel Minderjähriger, erhöht sich auch in diesem Bereich stetig. Waren es 1996 lediglich zehn Internetseiten, die Einsätze für Glücksspiele, wie Roulette oder Poker annahmen, stieg die Zahl auf mindestens 200 im Jahr 1998. Laut Meyer und Bachmann (2000) haben die Betreiber der Internet-Casinos ihren Geschäftssitz in Ländern, wie der Karibik, in denen ein virtueller Casinobetrieb keinerlei Auflagen unterliegt. Aber auch europäische Anbieter nutzen inzwischen das Internet für Sportwetten, Lotterien, Börsenspiele und ähnliches. Nach deutschem Glücksspielrecht sind derartige Angebote bislang nicht genehmigungspflichtig (Meyer & Bachmann, 2000). Sinclair (1998) prognostizierte für das Jahr 2001 weltweit 194 Mio. potenzielle Spieler. Dabei ging er von geschätzten 56 Mio. Internet-Nutzern im Jahr 1997 aus. Im November 2002 wurde eine Nutzerzahl von weltweit 531,3 Millionen von Infra Search (2003) bekannt gegeben, so

dass die von Sinclair (1998) abgegebene Schätzung der potenziellen Spieler bereits 2001 weit überschritten gewesen sein dürfte.

Ad 4: Als Beispiel für Information overload sollen hier das Surfen oder Web Cruising und E-Mail Checking dienen. Es handelt sich hierbei und Tätigkeiten im Internet, die eher der Zerstreuung und Ablenkung als der Informationsaufnahme bzw. der Kommunikation mit anderen dienen. Besonders am Arbeitsplatz, sofern mit internetfähigen Computern ausgestattet, kann Surfen oder ständiges E-Mail checking eine willkommene Unterbrechung der Arbeit darstellen, sei es auch nur für wenige Minuten (Case, 1999). Dieses Verhalten kann sich negativ auf die Leistung, besonders bei eigenverantwortlicher Organisation des Arbeitspensums auswirken. Untersuchungsergebnisse von Kandell (1998) oder Morahan-Martin und Schumacher (2000) beispielsweise belegen, dass Studenten durch ihre freie Selbstorganisation des Studiums, für eine exzessive Nutzung von Onlinediensten extrem gefährdet sind.

Deutschsprachige Umfragen nach den Kriterien der Abhängigkeitsstörung bzw. theorieunabhängigen Kriterien

Einige Ergebnisse von Umfragen im deutschsprachigen Raum, welche zur Abgrenzung von pathologischer und nicht-pathologischer Internetnutzung die Kriterien einer Abhängigkeitsstörung heranzogen, sollen nun näher dargestellt werden.

In der Studie von Seemann et al. (2000) wurde den Fragen nachgegangen, wie sich die Personengruppe der pathologischen Internetnutzer beschreiben lässt und wie viele Personen die zugrundegelegten Kriterien der pathologischen Internetnutzung erfüllen. Hierzu wurde ein Online-Fragebogen von November 1999 bis März 2000 bereitgestellt und durch die Presse bzw. durch Online-Service-Provider zur Beantwortung der 49 Fragen aufgerufen. Die so entstandene Gelegenheitsstichprobe von 2.341 Personen wurde durch Ausschlusskriterien auf 998 Probanden (45,6%) reduziert. Das wichtigste Kriterium für einen Ausschluss war die Ausfüllrate des Fragebogens. Bei einem Anteil von weniger als 80% beantworteter Fragen wurden die Datensätze nicht in die Stichprobe aufgenommen. Außerdem wurden Fragebögen ausgeschlossen, bei denen die Fragen offenkundig nicht ernsthaft beantwortet waren. In der verwendeten Stichprobe von 998 Befragten wurden 46 Personen (4,6% der Befragten) als „süchtig" eingestuft. Personen dieser Gruppe sind im Mittel 28 Jahre alt, durchschnittlich 20,8 Stunden pro Woche online und verbringen 7,8 Stunden wöchentlich mit Freunden. Im Gegensatz dazu sind die als „nicht-süchtig" eingestuften Personen im Mittel 31 Jahre alt, durchschnittlich 13,5 Stunden pro Woche online und verbringen 12,3 Stunden pro Woche ihre Zeit mit Freunden im direkten Kontakt (Seemann et al., 2000, 2001).

Die Forscher Hahn & Jerusalem (im Druck) berücksichtigten in ihren Studien zum pathologischen Internetgebrauch sowohl die Kriterien einer Impulskontrollstörung als auch die einer Abhängigkeitsstörung, um ausschließlich phänomenologisch vorzugehen Die Pilotstudie von Hahn und Jerusalem (2001) bezieht sich auf den Internetgebrauch von Jugendlichen und jungen Erwachsenen. Es wurde in der Pilotstudie ein Online-

Fragebogen mit 158 Fragen verwendet, der von 8.851 Personen ausgefüllt wurde. 7.091 konnten als deutsche Stichprobe ausgewertet werden, davon gelten 3,2% mit durchschnittlich 34,6 Stunden Online-Zeit pro Woche, als „abhängig". 6,6% wurden mit 28,6 Stunden pro Woche der Risikogruppe zugeordnet. Die Gruppe der „Abhängigen" wurde nach ihrem Alter aufgeteilt: 10,3% waren unter 15 Jahre und nur noch 2,2% waren im Alter von 21-29 Jahre. Bis zum Alter von 18 Jahren befinden sich doppelt so viele Jungen wie Mädchen in der Gruppe der „Abhängigen", dieser Unterschied kehrt sich jedoch ab dem Alter von 19 Jahren zunehmend um. Die als abhängig bezeichneten Befragten nutzen das Internet stärker zur Kommunikation (chatten, Foren), spielen öfter online, laden sich Musik herunter und besuchen deutlich häufiger Erotikangebote im Netz als unauffällige Internetnutzer.

Bei Eidenbenz (2001) konnten in einer Online-Umfrage in der Schweiz bei 565 Internetnutzern (Geschlechterverhältnis ausgeglichen), mit Hilfe des Fragebogens von Hahn und Jerusalem (2001) 2,3% als „gefährdet" und 3,7% als „abhängig" eingestuft werden. Zwei Drittel davon waren unter 20 Jahre alt, männlich und ohne feste Beziehung; sie rauchten mehr und konsumierten mehr Alkohol als die Nicht-Abhängigen. Nach Eidenbenz (2001) ist ein grundsätzliches Kriterium der „Online-Sucht", die Verschiebung des Lebensmittelpunktes der Betroffenen vom realen hin zum virtuellen Leben, wobei sich diese Personen im realen Leben isoliert fühlen. 73% der Abhängigen beantworteten die Frage „Ich fühle mich alleine" mit „trifft genau zu" oder „trifft eher zu". Bei der Frage „Ich fühle mich einsam" waren es rund 62%. Das Gefühl der sozialen sowie der emotionalen Isolation wird hier also eindeutig bejaht. Ein weiteres interessantes Ergebnis der Studie von Eidenbenz (2001) ist, dass die Betroffenen eine Tendenz zeigen, Probleme zu verdrängen und sich weniger fähig fühlen, Schwierigkeiten in ihrem Leben zu bewältigen (Kontrollüberzeugung/ Selbstkompetenz).

Die pathologische Internetnutzung wird also von den meisten Forschern entweder als Störung der Impulskontrolle oder als nicht-stoffliche Abhängigkeitsstörung gesehen. Eine weitere Möglichkeit ist es, die pathologische Internetnutzung als Begleiterscheinung psychischer Störungen zu betrachten. Hierzu wurden eine Reihe von Online-Studien durchgeführt. Zum einen wurde der Zusammenhang von pathologischer Internetnutzung und depressiver Verstimmung bzw. Gefühlen der Einsamkeit untersucht. Zum anderen konnten klinisch bedeutsame psychische Störungen (z.B. Angststörungen) bei Personen mit pathologischer Internetnutzung gefunden werden, wie in Kapitel 1.2.3.3 dargestellt wird.

1.2.3.3 Pathologische Internetnutzung als Begleiterscheinung psychischer Störungen

Depressive Verstimmung und Gefühl der Einsamkeit - subklinisch

Der Zusammenhang zwischen pathologischem Internetgebrauch und dem Störungsbild der subklinischen Depression (sog. unterschwellige Depression, Hegerl & Henkel, 2003) ist ein wichtiger Teilbereich der Forschung. Bereits Young und Rogers (1998) stellten in ihrer Studie fest, dass unter den als internetabhängig bezeichneten Personen einige an subklinischen Depressionen litten. Nicht geklärt werden konnte, ob die Depression Ursache oder Folge des pathologischen Internetgebrauchs ist. Die Autoren halten es jedoch für wahrscheinlich, dass ein niedriges Selbstwertgefühl, Angst vor Ablehnung, ein hoher Bedarf an positiver Bestätigung und eine geringe Motivation, in Verbindung mit einer depressiven Grundhaltung den pathologischen Internetgebrauch begünstigen (vgl. auch Morahan-Martin, 1999; Morahan-Martin & Schumacher, 2003; Petrie & Gunn, 1998).

In der klinischen Psychologie gibt es eine Reihe von Untersuchungen, die belegen, dass bei depressiver Stimmungslage, als auch bei Depression (z.B. Depr. Episode) eine geringere Sozialkompetenz der betroffenen Personen feststellbar ist. Diese Defizite schließen sowohl die selbstberichtete Sozialkompetenz der Depressiven, als auch ihre Sprechgeschwindigkeit, Mimik und Gestik, usw. ein (für einen Überblick siehe Segrin, 2000). Den pathologischen Internetgebrauch betreffend gibt es nicht wenige Forscher, die durch ihre Untersuchungen und Praxiserfahrungen zu der Ansicht gekommen sind, dass Menschen mit Sozialkompetenzdefiziten die Anonymität, die größere Kontrolle der Selbstdarstellung und die intensivere, intimere Atmosphäre der computergestützten Kommunikation im Internet dem persönlichen Kontakt mit Fremden vorziehen (vgl. Turkle, 1999; Wallace, 1999; Walther, 1996). Bei Greenfield (2000) hatten 75% der abhängigen Befragten schneller ein Gefühl von Vertrautheit und in vielen Fällen eine Art der Bindung entwickelt als die nichtabhängigen Nutzer (38%). Es gab hierbei keine geschlechtlichen Unterschiede. Die schriftliche Form scheint nach Greenfield (2000) vertrauenswürdiger und ehrlicher als andere Kommunikationsformen und dient deshalb, in Verbindung mit der Anonymität, der Enthemmung und dem intensiven Gefühl von Intimität.

Bei der Untersuchung von Scherer (1997) fand sich bei den abhängig eingestuften Personen eine sehr viel höhere Bereitschaft, das Internet zu nutzen, um neue Leute kennen zu lernen und in der sozialen Interaktion zu experimentieren als bei Nicht-abhängigen. Signifikant waren auch die Unterschiede zwischen realem und virtuellem Kontakt: 91% der Nicht-Abhängigen gegenüber 71,4% der Abhängigen berichteten, dass sie mehr realen Kontakt pflegen, als virtuellen; 5,7% der Nicht-Abhängigen gegenüber 18,4% der Abhängigen geben an, genauso viel realen wie virtuellen Kontakt zu anderen zu pflegen und 1,5% der Nicht-Abhängigen gegenüber 6,1% der Abhängigen haben mehr virtuellen Kontakt. Nur 1,8% der Nicht-Abhängigen gegenüber 4% der Abhängigen gaben an, selten reale Kontakte zu pflegen.

Caplan (2003) erhielt unter anderem in seiner Untersuchung mit 386 Studenten (davon 70% männlich, Durchschnittsalter 20 Jahre), die Bestätigung für seine Hypothese, dass Depression (Beck Depression Inventory-II, Beck et al. 1996) und Einsamkeit (UCLA

Loneliness scale, Russell et al. 1980) signifikante Prädiktoren für die Präferenz von Online-Sozialkontakt sind. Ebenso bestätigt wurde seine Hypothese, dass die Präferenz von Online-Sozialkontakt mit den Werten der Symptome des pathologischen Internetgebrauchs und den negativen Folgen (GPIUS Generalized Problematic Internet Use Scale, Caplan, 2002) steigt.
Morahan-Martin und Schumacher (2000) stellten noch stärker die Art des Internetgebrauchs ihrer untersuchten Collegestudenten (N=277, 8,1% als pathologisch eingestuft, über 60% Männer) heraus. Die Autoren bezeichnen die pathologisch eingestuften Probanden als Technikbegeisterte, die Online-Spiele (hier Rollenspiele) und Chatlines zur Unterhaltung nutzen und sich online gut und kompetent fühlen. Sie weisen einerseits online eine soziale Enthemmtheit auf und erreichen andererseits auf der Einsamkeits-Skala signifikant höhere Werte als die nicht pathologischen Internetnutzer. Des Weiteren zieht diese Gruppe von Probanden virtuelle Sozialkontakte dem realen Kontakt zu anderen Menschen vor. Sie berichten, dass sie mehr Freude mit Online-Freunden als mit „tatsächlichen Freunden" im realen Leben haben – 18% geben sogar an, dass sie mehr online- als offline Freunde haben (Morahan-Martin & Schumacher, 2000). Diese Befunde stützen nicht nur Kraut et al. (1998) sondern auch Sanders et al. (2000), welche herausfanden, dass Jugendliche mit pathologischem Internetgebrauch schwächere Beziehungen zu ihren Eltern und realen Freunden aufweisen.
Dies wurde auch in einer Studie von Ofosu (2001; N = 211) bestätigt, in der 20% der Untersuchten als internetabhängig eingestuft wurden. Die Internetabhängigen nahmen weniger soziale Unterstützung von ihren Freunden und der Familie war als von ihren Online-Freunden. Außerdem zeigten sie mehr Schüchternheit, soziale Einsamkeit bzw. Isoliertheit als die nicht-abhängige Gruppe (80%).
Whang et al. (2003) gingen ebenfalls dieser Fragestellung nach. Sie befragten 13.588 Personen mit einem Durchschnittsalter von 27 Jahren (58% männlich) mittels eines abgewandelten Fragebogens nach Young (1998). Die Online-Befragung fand auf einer Hauptportalseite des koreanischen Internet statt. 3,5% der Befragten konnten als abhängig eingestuft werden. Diese Gruppe gab an, bei Stress oder depressiver Verstimmung als häufigste Gegenmaßnahme das Internet aufzusuchen – auch um vor den realen Problemen zu fliehen. Sie wiesen, verglichen mit der Gruppe der Gefährdeten und den Nichtabhängigen, die höchsten Werte der Einsamkeit, depressiven Stimmung und Impulsivität auf. Die Abhängigen berichteten ein besonders starkes Gefühl von Nähe gegenüber Fremden im Netz und im Gegensatz zu den anderen beiden Gruppen gaben 76,9% an, als erstes den PC hochzufahren, wenn sie nach Hause kommen.
Zu den meisten weiterführenden Forschungen regte die Longitudinalstudie von Kraut et al. (1998) an. Sie waren die erste Forschergruppe, die den sozialen und psychischen Auswirkungen des Internet mit einer Langzeitstudie nachgehen wollten. Sie statteten dafür 169 Probanden in 73 Haushalten über ein bis zwei Jahre mit einem kostenlosen Computer inklusive Internet-Zugang aus. Es wurden Daten zur Demographie, sozialen Interaktion und psychologischen Wohlbefinden mit Fragebögen erhoben. Parameter der sozialen Beteiligung waren Dauer der täglichen Kommunikation mit der Familie sowie Größe des sozialen Netzwerks und der erhaltenen sozialen Unterstützung. Parameter des psychologischen Wohlbefindens waren Einsamkeit (UCLA Loneliness Scale 2 von Russell et al., 1980), Stress (Hassles Scale von Kanner et al., 1981) und depressive Verstimmung (Center for Epidemiologic Studies Depression Scale von Radloff, 1977). Bei der CES-D Skala handelt es sich um einen 20 Items umfassenden Fragebogen, der Kriterien einer Depression bei einer Person für den Zeitraum einer Woche erhebt. Es stellte sich heraus, dass das Inter-

net vorwiegend für kommunikative Zwecke benutzt wurde. Gefunden wurden aber auch negative soziale und psychische Folgen. Mit steigendem Internet-Gebrauch wurde die zwischenmenschliche Kommunikation innerhalb der Familie sowie mit Freunden und Bekannten geringer. Das Gefühl von Einsamkeit wurde größer. Zwischen Internet-Gebrauch und depressiver Verstimmung fand sich eine positive Korrelation. Depressive Verstimmung vor dem Internet-Gebrauch war jedoch kein Prädiktor für einen späteren hohen Internetgebrauch. Andererseits konnte ein statistischer Trend im Zusammenhang zwischen Stressempfinden und einem erhöhten Internet-Gebrauch gefunden werden.

Diese Studie diente vielen nachfolgenden Forschungsarbeiten als Grundlage entweder zur Bestätigung der gefundenen Ergebnisse oder zu deren Widerlegung.

So unterstützen beispielsweise einige Ergebnisse der Studie von Lin und Tsai (2002) bezüglich des Einstieges und der Dauer des Internetzuganges sowie Alter und Geschlecht der Internet-Abhängigen, die Befunde der Studie von Kraut et al. (1998). Ebenfalls bestätigend für Kraut et al. (1998) sind die Befunde von Moody (2001), der eine Offline-Untersuchung mit 166 Psychologiestudenten (28,3% männlich, Durchschnittsalter 19 Jahre) einer kleinen Kunstuniversität durchführte. Es fanden sich einerseits signifikante Korrelationen zwischen der Größe des realen sozialen Netzwerks einer Person und den dementsprechend niedrigeren Werten in den Skalen „soziale und emotionale Einsamkeit" (vgl. Weiss, 1973). Andererseits fanden sich zwar signifikante Zusammenhänge zwischen extremer Internetnutzung und einer Abnahme sozialer Einsamkeit, jedoch auch höhere Werte auf der Skala der emotionalen Einsamkeit bei Personen, deren Freundeskreis mehrheitlich aus virtuellen Bekannten besteht (Moody, 2001). Morahan-Martin und Schumacher (2003) gingen ebenfalls der Frage nach dem Zusammenhang zwischen Einsamkeit und pathologischer Internetnutzung nach. Sie untersuchten 277 Studenten, die Internetnutzungskurse besuchten (54 % männlich, Durchschnittsalter 20 Jahre) mit der 3. Version der UCLA Loneliness Scale von Russell (1996) und den selbst erstellten Skalen „Gründe des Internetgebrauchs" und „Internetverhalten". Sie fanden heraus, dass es zwar keinen Unterschied zwischen der Gruppe der „Einsamen" (20%) und den „Nicht-einsamen" gab, jedoch einen signifikanten Unterschied zwischen der jeweiligen Online-Zeit pro Woche (arith. Mittel = 5,39 gegenüber 3,00). Bei der Skala des Internetgebrauchs ergaben sich bei 6 der 17 Gründe zum Internetgebrauch signifikante Unterschiede zwischen den beiden Gruppen. Die Einsamen nutzten das Internet mehr zum Entspannen, für die Arbeit, um Leute zu treffen, zur emotionalen Unterstützung, zum Sprechen mit anderen über gemeinsame Interessen und um zum Zeitvertreib. Ähnlich waren die Ergebnisse bei den Fragen zum Internetverhalten, hier wurden signifikante Unterschiede bei 14 von 19 Fragen gefunden. Die Einsamen schätzen im Vergleich mit den anderen Probanden das Internet, weil sie virtuelle Kommunikation der realen Kommunikation vorziehen und generell die Anonymität bevorzugen. Sie fühlen sich im Netz mehr als sie selbst als im realen Leben und meinen von ihren virtuellen Freunden besser verstanden zu werden als von ihren realen Freunden. Die gesamten Angaben der Gruppe der Einsamen zu ihrem Internetverhalten hat sehr große Ähnlichkeit mit den Angaben von sogenannten Abhängigen in anderen, bereits genannten Studien: Sie gehen online, wenn sie sich nicht wohl fühlen, ängstlich sind oder sich isoliert vorkommen. Sie werden dann gänzlich absorbiert und verlieren ihr Zeitgefühl. Sie hatten in der Vergangenheit bereits Probleme wegen ihres Internetgebrauchs (privat und im Studium) und fühlen sich wegen ihrer extremen Online-Zeiten schuldig, ohne diese reduzieren zu können und leiden unter ständigen zwanghaften Gedanken, online gehen zu müssen, wenn sie nicht im Netz sind (Morahan-Martin & Schumacher, 2003).

Dies bestätigend fand Köhler (2001) in ihrer Studie mit 102 Studenten einer Wiener Universität heraus, dass Personen mit problematischen bzw. pathologischen Internetgebrauch sich signifikant häufiger einsam (UCLA Loneliness Scale von Russell et al., 1980) fühlen als Personen mit unproblematischem Internetgebrauch. Die pathologischen Nutzer nehmen weniger soziale Unterstützung aus ihrem sozialen Umfeld (Skalen Soziale Unterstützung von Laireiter & Neuwirth, 1996) war.
Morgan und Cotten (2003) erfassten in ihrer Studie die Beziehungen zwischen den Aktivitäten im Internet und den depressiven Verstimmungen (CES-D Scale von Radloff, 1977) bei einer Stichprobe von 256 Zweitsemester-Studenten. Sie konnten feststellen, dass mit steigender Zahl der mit E-Mail und chatten verbrachten Stunden im Netz die Werte der CES-D Skala signifikant abnehmen. Im Gegensatz dazu fand sich mit steigender Zahl der mit Einkaufen, Spielen und Informationssuche verbrachten Stunden im Netz ein signifikanter Anstieg der Werte depressiver Verstimmung.

Auf der anderen Seite stehen Studien in Widerspruch zu Kraut et al. (1998). Hierzu zählen die Untersuchungen von Wästerlund et al. (2001). Sie untersuchten aufgrund der Studie von Kraut et al. (1998) die berichtete Onlinezeit in Zusammenhang mit den Variablen Einsamkeit und depressiver Verstimmung. Es fanden sich keine signifikanten Korrelationen. Auch McKenna und Bargh (2000) fanden heraus, dass das durchschnittlich berichtete Ausmaß der depressiven Verstimmung sowie der Grad der berichteten Einsamkeit nach einer zweijährigen Nutzungsdauer des Internet geringer ausfiel, als in der Zeit vor der Nutzung. Ähnliche Ergebnisse bezüglich des Zusammenhangs zwischen Internet-Nutzung und depressiver Verstimmung fanden sich ebenfalls in der Untersuchung von LaRose et al. (2003).
Kritik an Kraut et al. findet sich auch bei Amichai-Hamburger und Ben-Artzi (2003). Die Autoren kritisieren, dass Kraut et al. (1998) in ihrer Studie die Vielfalt der Nutzerpersönlichkeiten und die Vielfalt der Internetangebote (beispielsweise für sozialen Austausch, Arbeit und Freizeit) außer Acht ließen. Amichai-Hamburger und Ben-Artzi (2003) beziehen sich in ihrer Arbeit auf Stokes (1985), der Zusammenhänge zwischen Extraversion und Einsamkeit bzw. zwischen Neurotizismus und Einsamkeit auf der jeweiligen Basis des sozialen Netzwerkes des Betroffenen postuliert. Im Jahre 2000 fanden Hamburger und Ben-Artzi bereits die Bestätigung für ihre Annahme, dass für Frauen ein negativer Zusammenhang zwischen Extraversion und der Nutzung von sogenannten „social sites" im Netz besteht und ein positiver Zusammenhang in Bezug auf Neurotizismus und Nutzung der „social sites". Für Männer hingegen fanden sich keine signifikanten Zusammenhänge dieser Art. Die Autoren kommen deshalb zu der Untersuchungshypothese, dass Menschen, die bereits einsam und isoliert sind, sich anfälliger für den pathologischen Internetgebrauch zeigen als andere (Amichai-Hamburger & Ben-Artzi, 2003). Die Hypothese wurde mit einer Stichprobe von 85 Studenten des Jordan Valley Colleges in Israel (48,2% männlich) im Alter von 16 bis 58 (Mittelwert=26,61, sd=9,70) überprüft. Verwendet wurden die eigene Internet-Service-Scale (Hamburger & Ben-Artzi, 2000), das Eysenck Personality Inventory (EPI; Eysenck & Eysenck, 1975) und die UCLA Loneliness Scale von Russell et al. (1980). Die Ergebnisse bestätigten die Hypothese: Für Männer fand sich eine signifikante positive Korrelation zwischen Extraversion und den informations- ("information services") und freizeitsbezogenen ("leisure services") Angeboten des Internet. Bei Frauen gab es zwischen Neurotizismus und sozialen Angeboten im Netz ("social services") bzw. zwischen Einsamkeit und sozialen Angeboten im Netz signifikante positive Korrelationen. Aufgrund dieser Ergebnisse fühlen sich die Autoren in ihrer

Annahme bestätigt, dass die Nutzung des Internet zum sozialen Austausch und Kommunikation ein Ergebnis und nicht der Grund für die Einsamkeit neurotischer Frauen ist (Amichai-Hamburger & Ben-Artzi, 2003).

Im Jahr 2000 beendeten Kraut et al. (2002) eine ergänzende Studie. Bis auf die Zunahme von Stress bei intensiverem Internet-Gebrauch zeigten sich bei der Stichprobe von 1998 nun keine negativen Auswirkungen des Internet mehr. Die Parameter für den Rückgang der sozialen Interaktion sowie der Zunahme von Einsamkeit und depressiver Verstimmung lieferten keine statistisch signifikanten Ergebnisse. Die negativen Effekte zeigten sich vor allem dann nicht mehr, wenn die Probanden länger das Internet benutzt hatten. Die Effekte des Internet im psychischen Bereich zeigten sich vor allem in einer Zunahme von Stress bei längerer Online-Zeit, aber andererseits auch in mehr Wohlbefinden. Besonders bei extravertierten Personen wuchs das Selbstvertrauen und Gefühle von Einsamkeit und Zeitdruck gingen zurück.

Die Autoren erklären diese Veränderung in ihren Ergebnissen mit einer individuellen Anpassung an das neue Medium, vor allem mit dem Umstand, dass mit Zunahme der Verbreitung des Internet immer mehr Familienmitglieder und Freunde über dieses Medium erreichbar wurden.

In einer weiteren Studie, welche „Zur Verteidigung des Internet" betitelt ist, wurde Internetkommunikation in Bezug auf depressive Verstimmung, Einsamkeit, Selbstwert und erhaltene soziale Unterstützung betrachtet (Shaw et al. 2002, p.157, Übersetzung von Kratzer). Hierzu wurden 40 Studenten der North Carolina at Chapel Hill Universität rekrutiert, die zu drei Messzeitpunkten eine Reihe von Fragebögen ausfüllen mussten. Der Prä-, Mittel- und Posttest wurde mit folgenden Instrumenten erhoben: Center for Epidemiological Studies Depression Scale (CES-D von Radloff, L., 1977), Loneliness Scale der University of California (UCLA von Russell et al., 1980), Texas Social Behavior Inventory (TSBI von Helmreich & Stapp, 1974) zur Erhebung des Selbstwertes und Cohen-Hoberman Interpersonal Support Evaluation List (CHISEL von Cohen & Hoberman, 1983). Zwischen dem Prä- und Posttest wurden die Studenten in 12 Paare (männlich-weiblich) und 8 Paare (weiblich-weiblich) eingeteilt. Diese Paare sollten nun nach dem Prätest zwei Chat-Sitzungen mit ihrem unbekannten Partner abhalten und nochmals drei Sitzungen nach dem Mitteltest. Während dieser Chats sollten immer drei Diskussionsthemen besprochen werden, die am Vorabend per E-Mail an die Probanden geschickt wurden. Die Information der Probanden über den Zweck der Untersuchung fand nach dem Posttest statt. Dabei ließ sich insbesondere durch den Internetgebrauch (hier chatten) eine signifikante Reduktion von Einsamkeit und depressiver Verstimmung über die Zeit hinweg feststellen, während sich eine signifikante Steigerung bei der erhaltenen sozialen Unterstützung und in den einzelnen drei Subskalen „Einschätzbarkeit" (appraisal), „Zugehörigkeit" (belonging), „Greifbarkeit" (tangible) der Selbstwert-Skala fand (Shaw et al., 2002, Übersetzung von Kratzer).

Psychische Störungen – klinisch bedeutsam

In der Psychiatrie gibt es Studien, welche das Problem der pathologischen Internetnutzung von einer anderen Seite her beleuchten. Diese Studien belegen, dass die Ausbreitung des Internet auch Einfluss auf psychiatrische Patienten und deren Störungsbilder hat. Es wird außerdem in Fallbeispielen von psychotischen Patienten berichtet, deren Wahnvorstellungen mit dem Internet zusammenhängen. Die Patienten glauben zum Beispiel vom Internet kontrolliert zu werden (vgl. Catalano et al., 1999; Gabbard, 2001). Vorrangig sind jedoch die Forschungsarbeiten, welche sich mit dem Zusammenhang zwischen der pathologischen Internetnutzung und psychischen Störungen befassen.

Hier konnte beispielsweise Greenfield (2000) im Rahmen seiner internationalen Studie in Zusammenarbeit mit www.ABCNEWS.com 17.251 Internetanwender (Durchschnittsalter 33 Jahre, 71% männlich) auf der ganzen Welt online befragen (Virtual Addiction Survey, 11 Items). 5,7% Prozent der Befragten erfüllten die Kriterien einer schweren Zwangs- und Suchtstörung in Bezug auf den Internetgebrauch, definiert anhand von Merkmalen, die aus der Diagnostik des pathologischen Spielens, als einer Form der Störung der Impulskontrolle, abgeleitet waren. Außerdem wiesen diese Personen mindestens eine Achse-I-Störung des DSM IV (Saß et al., 1998) auf – hierunter vorrangig eine Depression (vgl. auch Greenfield, 1999). Weitere 4% litten unter leichten bis mittleren Abhängigkeitsproblemen. Auch gibt diese Gruppe von Personen an, unter Beziehungsproblemen und/oder Arbeitsschwierigkeiten zu leiden (Greenfield, 2000).

Von einigen Forschern werden Komorbiditäten von pathologischer Internetnutzung mit anderen psychischen Störungen, wie beispielsweise (bipolaren) affektiven Störungen gefunden (Orzack & Orzack, 1999; Shapira et al. 2000; Young & Rogers, 1998).

Black et al. (1999) berichteten über ihre Untersuchung von 16 männlichen und 5 weiblichen Patienten (durchschnittlich 32 Jahre alt bei Beginn der Störung) mit zwanghaftem Computergebrauch (Compulsive Computer Use). Es wurden strukturierte und halbstrukturierte Interviews, das Diagnostic Interview Schedule (DIS von Robins et al., 1989), das Minnesota Impulsive Disorders Interview (MIDI von Christensen et al., 1994), der Test SF-36 (Medical Outcome Study Short Form-36 von Ware, 1993) und der Personality Diagnostic Questionnaire-Revised (PDQ-R von Hyler et al., 1989) durchgeführt. Der exzessive Internetgebrauch hatte soziale und berufliche Auswirkungen, die bei allen Untersuchten einen Leidensdruck erzeugten. Keiner jedoch hielt den eigenen Computer- und Internetgebrauch für behandlungswürdig, was im Gegensatz zur Untersuchung von Shapira et al. (2000) steht (siehe unten). Die Probanden von Black et al. (1999) meinten nicht nur, keiner Behandlung zu bedürfen, sondern berichteten außerdem über Gefühle von Größe, Stärke und Glück, wenn sie am Computer bzw. im Netz waren.
Der problematische Internetgebrauch betrug mindestens 27 Stunden pro Woche, welcher vorrangig mit Surfen und Spielen verbracht. Daraus resultierten bei über 50% der Untersuchten Probleme in der Ausbildung und Konfrontationen mit Familienmitgliedern. Über 60% der Untersuchten hatten bereits erfolglos versucht, die Zeit vor dem Monitor zu reduzieren, was jedoch bei 30% zu Angstgefühlen führte. Insgesamt gesehen lag der psychische Gesundheitszustand der Probanden unter dem Durchschnitt. Bei acht Untersuchten fand sich Substanzmissbrauch (38%), bei sieben Teilnehmern eine lebenslang persistierende affektive Störung (33%) und bei vier Teilnehmern eine lebenslang bestehende Angststörung (19%). Elf Untersuchte litten an Persönlichkeitsstörungen (52%) sowie

Impulskontrollstörungen wie etwa einem pathologischen Kaufzwang. Black et al. (1999) deuten ihre Ergebnisse als starken Hinweis darauf, dass pathologischer Internetgebrauch als Epiphänomen einer psychischen Störung auftreten kann, vor allem aus den Bereichen affektiver Störungen und Persönlichkeitsstörungen sowie Substanzmissbrauch. Weitere Studien sollen den Zusammenhang psychischer Störungen und pathologischen Internet- bzw. Computergebrauch erhärten.
Shapira et al. (2000) untersuchten 20 Patienten (9 Frauen) wegen ihres problematischen Internet-Gebrauchs. Die Patientengruppe bestand aus durchschnittlich 36 Jahre alten Personen, die selbst angaben, seit mindestens sechs Monaten Probleme mit dem Internetgebrauch zu haben. Die Patienten berichteten, dass sie ihren Internetgebrauch nicht kontrollieren können, was einen starken Leidensdruck erzeuge. Er sei sehr zeitintensiv und führe zu sozialen und beruflichen oder finanziellen Problemen. Die Patienten wurden daraufhin hinsichtlich Internet-Gebrauch, psychischer Störungen (Structured Clinical Interview for Diagnostic and Statistical Manual of Mental Disorders IV und Y-Bocs, modifiziert für den pathologischen Internet-Gebrauch), Verhaltensmerkmalen und Familienanamnese untersucht. Die Patienten nutzten durchschnittlich 27,9 Std./Woche das Internet. Am häufigsten wurden die Anwendungen Chat (17,7%), E-Mail (15,1%) und Surfen (14,0%) genannt. Dieser hohe Internetkonsum brachte soziale Problematiken (95%), wie Partnerprobleme mit sich; etwa 60% der Probanden wiesen Kommunikationsstörungen auf. Insgesamt waren diese auftretenden Probleme mit einem hohen Leidensdruck verbunden (60%) und führten zu Schwierigkeiten in Schule und Beruf (40%), bei 10% der Probanden ergaben sich sogar rechtliche Folgen. Alle zwanzig Studienteilnehmer zeigten eine Achse-I-Störung nach dem DSM IV (Saß et al., 1998), vor allem Affektive Störungen (Major Depression, bipolare Störung) und Angststörungen. In 10% der Fälle zeigte sich zusätzlich eine Substanzabhängigkeit (Shapira et al., 2000). Diese Ergebnisse werden durch die Arbeiten von Kraut et al. (1998) und von Young und Rogers (1998) und Orzack & Orzack (1999) gestützt. Bei 35% der Probanden konnten Störungen der Impulskontrolle (z.B. pathologisches Spielen) festgestellt werden. Eine Zwangsstörung (vgl. Zaudig, 2002) lag bei drei Personen vor. Der Y-Bocs-score zeigte einen Mittelwert von 19,6 bei Zwangsgedanken und -handlungen in Bezug auf die Internetnutzung und einen sehr niedrigen Mittelwert von 0,6 bei Zwangsgedanken in Bezug auf das Internet. Der höchste Wert der Y-Bocs-Items zeigte sich bei der Indikation eines „geringen Widerstandes gegen die Internet-Nutzung" mit einem Mittelwert von 2,9 (Shapira et al., 2000). Die Familienanamnese ergab bei 95% der Patienten eine psychische Störung in der Familie. Unabhängig von seinen Ergebnisse, welche die Theorie der pathologischen Internetnutzung als Sekundärstörung erhärten, gibt Shapira im Hinblick auf die untersuchten Patienten zu bedenken:

„When you talk about psychiatric illness, some people picture the stereotype of a strange or weird person. But overall the people we evaluated were intelligent, very nice and well-respected in the community, and they had good jobs and had families." (Shapira zit. nach Ross, 2000, URL).

Auch Shaffer et al. (2000) gehen ebenfalls davon aus, dass es sich in den allermeisten Fällen von Internet-Abhängigkeit um ein Begleitsymptom für andere psychische Störungen handelt. Rückschlüsse auf die jeweiligen primären Störungsbilder könnten laut Shaffer et al. anhand der besuchten Internetseiten gezogen werden. Es werden zum Beispiel 80% der Netz-Zeit auf Pornoseiten verbracht, was auf eine Störung der Sexualität hinweisen könnte. Oder die Befragten geben an, ausschließlich Online-Freundschaften zu haben, was ein Zeichen einer ausgeprägten Kommunikationsstörung sein kann. Die Autoren gehen sogar noch weiter mit der These, dass bei der als pathologisches Glücksspiel bezeichneten Störung der Impulskontrolle noch nicht klar ist, ob hier nicht ebenfalls in vielen Fällen eine zugrunde liegende Primärstörung vorliegt. Zur Unterstützung ihrer These verweisen sie auf Blaszcynski und Steel (1998), die berichten, dass bei den 82 Spielabhängigen ihrer Studie 93% die diagnostischen Kriterien für mindestens eine Persönlichkeitsstörung nachweisbar sind.

Bei einer Online-Befragung von Bai et al. (2001) an 251 Klienten (14 bis 44 Jahre alt) einer virtuellen Klinik, bei der ein großer Teil der Befragten weiblich (67%) und alleinlebend (84%) waren, wurden folgende Diagnosen gefunden: Angststörungen (29%), affektive Störungen (24%) und Substanzmissbrauch (26%). 38% der Befragten wurden mit Hilfe des Internet addiction disorder questionnaire (Young, 1998) als internetabhängig eingestuft. Bei einer Diagnose konnte ein signifikanter Unterschied zwischen den als „abhängig" eingestuften Personen und den „nicht abhängigen" gefunden werden. Der Substanzmissbrauch war mit 58% bei den Internetabhängigen gegenüber 26% bei den unauffälligen Personen erhöht.

1.2.4 Zusammenfassung des Forschungsstandes

Das Phänomen der pathologischen Internetnutzung kann einerseits als Euphorie der Anfangsphase (Grohol, 1999a) bei der Beschäftigung mit einem neuen Medium (Kapitel 1.2.2.1) oder als zeitlich begrenzte verstärkte Nutzung des Mediums gesehen werden. Entweder durch die Altersgruppe der Jugendlichen (Kapitel 1.2.2.2) zum Zwecke der Kommunikation mit Gleichaltrigen bzw. der Identitätsfindung (Morahan-Martin, 2001) oder bei Personen die Persönlichkeitsmerkmale, wie eine erhöhte Impulsivität aufweisen (Kapitel 1.2.2.3). In diesem Kontext kann die pathologische Internetnutzung als normales, zeitlich begrenztes exzessives Verhalten verstanden werden, dass beispielsweise dem Ausweichen von Problemen des Alltags dient (Kapitel 1.2.2.4) und unter Umständen zu einem dauerhaften pathologischen Verhalten werden kann. Andererseits gehen einige Forscher davon aus, dass pathologische Internetnutzung eine weitere Form des impulsiven oder suchtartigen Verhaltens darstellt (Shapira et al., 2000; Petry, 2003), welches in mehrere Subgruppen unterteilbar ist (Davis, 2001). Die Klassifikation der pathologischen Internetnutzung wird entweder nach den abnormen Gewohnheiten und Störungen der Impulskontrolle (Shapira et al., 2000) des ICD-10 oder den Kriterien der Abhängigkeitsstörungen (Seemann et al., 2000) vorgenommen (Kapitel 1.2.3.1 und 1.2.3.2).
In den Anfängen der Forschung (Young, 1996) wurde die pathologische Internetnutzung als eine, durch das Medium selbst verursachte, Abhängigkeit bei bis dahin „gesunden" Menschen gesehen. Im Laufe der Zeit hat sich die Forschung auf Merkmale der Persönlichkeit (z.B. Impulsivität) fokussiert, welche zu einer pathologischen Internetnutzung führen könnten oder zieht bereits vorhandene subklinische psychische Beeinträchtigungen (z.B. depressive Verstimmung oder Gefühl der Einsamkeit) oder klinisch relevante psychische Störungen in Betracht (Armstrong et al., 2000; Caplan, 2003; Shapira et al. 2000; Greenfield, 2000; Kapitel 1.2.3.3).

In Abbildung 5 wird diese Unterteilung durch die vereinfachte Darstellung deutlich. Exzessive Internetnutzung wird zum einen als normales Verhalten betrachtet, dass entweder in der Anfangsphase der Nutzung auftritt oder während eines Zeitraums in der Entwicklung des Menschen, wie dies auch in der exzessiven Mobiltelefonnutzung durch Jugendliche der Fall ist. Die exzessive Nutzung des Internet kann auftreten, wenn bestimmte Persönlichkeitsmerkmale im Vordergrund stehen, die einen kontrollierten Umgang mit dem Internet erschweren. Das Persönlichkeitsmerkmal der Impulsivität nimmt innerhalb der Forschung eine Sonderrolle ein, da sie einerseits ein normales Verhalten darstellt, andererseits aber bei den sogenannten Störungen der Impulskontrolle zu einem pathologisch impulsiven Verhalten, wie auch beim pathologischen Glücksspiel führen kann. Ebenfalls ist es möglich, dass die pathologischen Internetnutzung aus einem inadäquaten Problemlösungsversuch, einem sogenannten Ausweichverhalten, entwickeln kann. Diese wird entweder als neue Form einer Impulskontrollstörung bzw. als neue Form einer Abhängigkeitsstörung verstanden oder als impulsives Verhalten im Sinne einer Begleitsymptomatik bei vorhandenen psychischen Störung (Abb. 5).

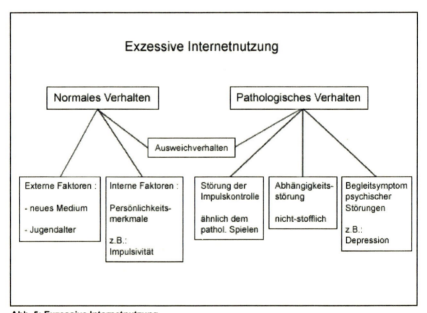

Abb. 5: Exzessive Internetnutzung

Auf dem Forschungsgebiet der pathologischen Internetnutzung zeigen sich widersprüchliche Ergebnisse: So reichen die genannten wöchentlichen Online-Zeiten der pathologischen Nutzer von 19 bis hin zu 34,6 Stunden. Die Geschlechtsverteilung der meisten Studien weisen besonders bei jungen Männer auf eine pathologische Internetnutzung hin. Demgegenüber gibt es Studien, die mit zunehmendem Alter die pathologische Nutzung eher bei Frauen feststellen, besonders die Online-Kommunikation (Chatten) betreffend. Nahezu alle Untersuchungen berichten von negativen Begleiterscheinungen und Folgeproblemen in Familie und/oder Beruf bzw. Schule/Studium in Zusammenhang mit patholo-

gischer Internetnutzung. Weiterhin scheint die Altersgruppe der jungen Erwachsenen am häufigsten pathologische Internetnutzung aufzuweisen.
Eindeutige empirische Belege gibt es für die Annahme, dass es weniger einen Zusammenhang zwischen der pathologischen Internetnutzung und dem so genannten „sensation seeking" gibt, sondern eher eine mangelhafte Impulskontrolle vorliegt, welche mit einer höheren Impulsivität und Verarbeitungsgeschwindigkeit einhergeht.

In Bezug auf die pathologischen Internetnutzung als Begleiterscheinung anderer psychischer Störungen wurden bislang zum einen Untersuchungen mit Fokus auf depressiver Verstimmung und sozialer bzw. emotionaler Isolation dargestellt. Zum anderen wurden Studien zu klinisch relevanten psychischen Störungen, wie beispielsweise Angststörungen, vorgestellt, die bei Personen mit pathologischer Internetnutzung diagnostiziert wurden.

Die meisten dieser Untersuchungen wurden in der Regel online durchgeführt und sind dadurch in ihrer Aussagekraft eingeschränkt. Die Zahl der „pathologischen Nutzer" differiert stark, was unter anderem auch durch die unterschiedlichen, von den Forschern selbst erstellten Fragebögen zur Internetnutzung zustande kommt. Hauptproblem vieler online durchgeführten Studien sind die fehlenden Methodentests, welche die Vergleichbarkeit von Paper-Pencil-Fragebögen bzw. –tests mit den online verwendeten Instrumenten sichern. Angaben über Validität oder Reliabilität von Tests oder Fragebögen sind normalerweise für die Paper-Pencil-Version errechnet und variieren bereits im Vergleich zu Computerversionen desselben Instruments (vgl. Hänsgen, 2001). Außerdem ist die Gewinnung der Stichproben meist nicht repräsentativ und Verfälschungen durch mehrfache Teilnahme identischer Personen können nur schwer ausgeschlossen werden (vgl. Hahn & Jerusalem, 2001a).

Es gibt für den deutschen Sprachraum bislang keine Studien zur pathologischen Internetnutzung als eigenständige Primärstörung oder als suchtartiges Verhalten (Begleiterscheinung) im Rahmen einer bereits bestehenden psychischen Störung. In der vorliegenden Pilotstudie soll diese Thematik untersucht werden. Besondere Bedeutung wird dabei dem methodischen Vorgehen beigemessen: Da bislang im deutschen Sprachraum keine Studien mit der Methode der persönlichen Befragung bzw. Testung zu dieser Thematik durchgeführt wurden, unternimmt diese Untersuchung auch auf diesem Gebiet einen ersten Versuch.
Die Kategorisierung der Probandengruppen (Extremgruppenvergleich: pathologische vs. nicht-pathologische Nutzung) wird, Bezug nehmend auf das erweiterte Suchtmodell (Kapitel 1.2.3.2), nach den Kriterien der Abhängigkeitsstörung (ICD-10) vorgenommen.

1.3 Fragestellung

Ziel der vorliegenden Arbeit ist es, das Phänomen der pathologischen Internetnutzung anhand von persönlichen Befragungen näher zu beleuchten. Die Kernfrage der Arbeit lautet hierbei: Handelt es sich bei der pathologischen Internetnutzung um eine primäre Störung oder um eine Begleiterscheinung einer bereits vorhandenen psychischen Störung?

Folgende Hypothese soll untersucht werden:

Es gibt einen Unterschied zwischen den als „pathologisch" bzw. den als „nicht-pathologisch" bezeichneten Probanden der Stichprobe. Dieser Unterschied besteht in einer diagnostizierten psychischen Störung (CIDI).

Die Diagnose einer psychischen Störung wird für die zusammengefassten Gruppen folgender Störungen beurteilt: Abhängigkeitsstörungen, Angststörungen, depressive Störungen und Zwangsstörungen.

Darüber hinaus werden in der vorliegenden Arbeit die beiden folgenden Fragestellungen beantwortet:

Kann zwischen den beiden Probandengruppen (mit bzw. ohne pathologische Internetnutzung) ein Unterschied bezüglich der Lebensorientierung oder der sozialen Integration (Anomie) gefunden werden?

Wie stellen sich die Angaben (Selbstauskunft) bzw. die Testdaten derjenigen Probanden dar, bei denen sich trotz pathologischer Internetnutzung keine Diagnose für eine vorrangige psychische Störung feststellen lässt?
Eine genauere Betrachtung ist hier sinnvoll, da die pathologische Internetnutzung hier eventuell als primäre Störung vorliegt.

2. METHODEN

2.1 Beschreibung der Rekrutierung der Stichprobe

Die Datenerhebung der Studie lässt sich in zwei Teile untergliedern. Im Zeitraum von August 2000 bis Februar 2002 fanden sich 10 Patienten aus eigenem Leidensdruck in der „Münchner Ambulanz für Internet-Abhängige" in der Abteilung Klinische Neurophysiologie der Psychiatrischen Klinik der Ludwig-Maximilians-Universität ein. Zudem wurden über 40 verschiedene Institutionen, wie Selbsthilfegruppen, Therapeutenpraxen, Suchtinformationszentren sowie vier große Internetcafés kontaktiert und erfolglos um die Vermittlung von Teilnehmern gebeten.

Aufgrund der geringen Fallzahl wurde beschlossen, eine offensive Rekrutierung von Probanden zu starten, um zum einen die Stichprobe der „Internet-Abhängigen" zu erhöhen und zum anderen eine vergleichbare Gruppe von nicht-pathologischen Internetnutzern gegenüberstellen zu können. Die Vergleichskriterien waren hierbei: Anzahl der privat im Internet verbrachten Stunden pro Woche (ca. 20 Std./Wo.), Geschlecht, Alter und Berufsstand. Hierzu wurden mehrere Plakat-Aushänge und Aufrufe in den Jobbörsen der Homepages von 10 deutschen Universitäten und bei der Bundesagentur für Arbeit geschaltet, in denen die Studie kurz beschrieben wurde und eine Kontakttelefonnummer bzw. Emailadresse für Interessierte angegeben wurden. Die meisten Interessenten meldeten sich per E-mail und wurden über den weiteren Verlauf informiert und um die Angabe einer Telefonnummer gebeten. Die Personen, die eine Telefonnummer angaben, wurden angerufen. Am Telefon wurden einige einleitende Fragen zu Alter, Berufsstand, sowie zur privaten Online-Zeit pro Woche und den hauptsächlichen Internet-Anwendungen gestellt, um die Vergleichbarkeit der beiden Probandengruppen (pathologische – nicht-pathologische Internetnutzung) zu gewährleisten. Danach folgten sechs Fragen, welche als Einschlusskriterium für die Teilnahme an der Studie galten. Die sechs Auswahlkriterien gehen mit den Diagnosekriterien der Abhängigkeit nach ICD-10 (Dilling, et al., 1993) konform.

1. Hatten Sie bereits ernsthafte Probleme durch Ihren Internet-Gebrauch (z.B. am Arbeitsplatz, im Studium, zu Hause mit Eltern, Freunden oder Partnern)?
2. Haben Sie sich durch deinen Internet-Gebrauch von Ihrer Umwelt (Freunde, Familie) deutlich zurückgezogen?
3. Haben Sie Entzugserscheinungen, wenn über kürzere oder längere Zeit kein Internet-Zugang für Sie möglich ist (z.B. starke Nervosität, Unruhe, schlechte oder depressive Stimmung)?
4. Haben Sie das Gefühl die Kontrolle über die Zeit zu verlieren, wenn Sie online sind?
5. Haben Sie ein starkes Verlangen oder eine Art Zwang zum Internet-Gebrauch?
6. Setzen Sie Ihren Internet-Gebrauch fort, trotz des Bewusstseins über die hervorgerufenen oder zu erwartenden „schädlichen" Folgen (Leistungsabfall, Probleme im Studium, drohender Verlust des Arbeitsplatzes, Partnerverlust, usw.)?

Abb. 6: Fragen zum Internetgebrauch (Telefonscreening) nach Seemann et al. (2000)

Die in Klammern gesetzten Unterpunkte der sechs Fragen wurden einzeln nacheinander abgefragt, um mögliche Verwirrungen durch einen zu langen Text vorzubeugen. Die Vorgehensweise des Erstkontaktes mit den sechs einleitenden Fragen am Telefon (siehe Abb. 6) sollte eine Selbstselektion der Probanden (vgl. Hahn & Jerusalem, 2001a; Greenfield, 2000) verhindern. Die Teilnehmer kannten die Aufnahmekriterien für eine Teilnahme an der Studie nicht (Abb. 7).

Mit Hilfe der Antworten auf die sechs Fragen zum Internetgebrauch wurden die Personen in drei unterschiedliche Gruppen eingeteilt: nicht-pathologisch (0 bis 2 von 6 möglichen Punkten), unauffällig (2 bis 4 von 6 möglichen Punkten) und pathologisch (5 und 6 von 6 möglichen Punkten). In die Stichprobe gingen nur die als „pathologisch" und die als „nicht-pathologisch" eingestuften Personen ein. Die Gruppe der unauffälligen Personen wurden nicht in die Stichprobe aufgenommen.

Kontakt mit Personen via E-mail oder Telefon bis zu 40 verschiedene Institutionen, wie z.B. Selbsthilfegruppen, Suchtinformationszentren sowie vier große Internet-Cafés	N = 0
Aushänge (Papier) und Aufrufe in den Jobbörsen (Internet) in den Homepages von 10 deutschen Universitäten und bei einer regionalen Bundesanstalt für Arbeit	N = 272 (105 w)
Dropout: 152 Personen (kein Interesse an persönlichem Interview)	
Einverständnis für Vorgespräch per Telefon (Tab. 6)	N = 120 (39 w)
Vorabeinteilung nach den Kriterien für Abhängigkeit (6 Fragen):	
nicht-pathologisch	N = 31 (13 w)
unauffällig	N = 69 (15 w)
pathologischer Internetgebrauch	N = 20 (11 w)
zusätzlich: Patienten der Internet- Ambulanz	N = 10 (2 w)

Abb. 7: Probandensuche (w = weiblich)

Tab. 6: Einteilung der Probanden (Telefonscreening)

Anzahl Punkte (6 Fragen)	0 bis 1 nicht-pathol.	2 bis 4 unauffällig	5 bis 6 pathologisch	Gesamtzahl
männlich	18	54	9	81
weiblich	13	15	11	39
Gesamt	31	69	20	120

Zu der Zahl der Probanden, welche sich zu einer telefonischen Kurzbefragung (Telefonscreening) bereiterklärt hatten (Tab. 6), wurden anschließend die zehn Ambulanzpatienten mit pathologischer Internetnutzung, die ebenfalls die sechs Screeningfragen beantworteten, hinzugenommen. Die Verteilung der nunmehr 130 Probanden, welche nach den Kriterien einer Abhängigkeit nach ICD-10 eingeteilt wurden, lässt sich wie folgt darstellen (Tab. 7):

Tab. 7: Verteilung der Teilnehmer: Telefonscreening und Ambulanzpatienten (N =130)

Anzahl Punkte (6 Fragen)	0 bis 1 nicht-pathol.	2 bis 4 unauffällig	5 bis 6 pathologisch
männlich	18	54	17
weiblich	13	15	13
N gesamt	31	69	30
Durchschnittsalter	27,0 Jahre	26,5 Jahre	28,3 Jahre

Die Termine der weiteren Befragung wurden telefonisch vereinbart und die darauf folgenden persönlichen Befragungen wurden in der „Münchner Internet-Sucht Ambulanz" der Psychiatrischen Klinik und an den jeweiligen Universitäten der studentischen Probanden durchgeführt. Mit Personen anderer Berufszweige, die nicht in die Ambulanz oder in die Räume der Universität kommen konnten bzw. wollten, wurde ein Haustermin vereinbart. Die Dauer der Befragung bzw. Testung betrug pro Probanden etwa zwei bis dreieinhalb Stunden.

2.2 Testdurchführung - Fragebögen

Zunächst sollen die unterschiedlichen Methoden dargestellt werden, welche bei der Untersuchung zur Anwendung kamen. Hierbei wurden Selbstberichtmethoden zur Einschätzung des Internetgebrauchs eingesetzt, da die subjektive Wahrnehmung und Bewertung des Internetgebrauches der einzelnen Personen im Vordergrund steht. Ebenfalls per Selbstbericht wurden Lebensorientierung (Kohärenzsinn), Anomie und Zwang erfasst. Zur Einschätzung wichtiger Kovariablen wie psychopathologischer Auffälligkeiten und Depression wurde die Fremdeinschätzung als weitere Datenquelle hinzugenommen, um eventuellen Verzerrungseffekten aufgrund der Selbsteinschätzung vorzubeugen (Tab. 8).

Tab. 8: Übersicht über die verwendeten Verfahren

Kurzb.	Test/ Verfahren	Quelle	Dimension	Beurteilg.	Items
	Fragebogen zum Internet-Gebrauch	Seemann et al. (2000)	Internet-Nutzung	Selbst	var.
M-CIDI	Munich Composite International Diagnostic	Wittchen & Pfister (1997)	Klinische Störungen nach DSM IV	Fremd	var.
HAM-D	Hamilton Depression Scale	Hamilton (1986)	Depression	Fremd	21
Y-BOCS	Yale-Brown obsessive compulsive scale	Büttner-Westphal & Hand (1991)	Zwang	Selbst	21
GA	Gamblers Anonymous	Gamblers Anonymous (1980)	Pathologisches Spiel	Selbst	10
SOC bzw. LO	Sence of Coherence	Antonovsky (1979)	Kohhärenzsinn	Selbst	29
AN	Anomieskala	Merton (1967)	Anomie	Selbst	12
IPDE	International Personality Disorder Examination - Screening	Mombour et al. (1996) bzw. Loranger (1996)	Persönlichkeitsstörungen	Selbst	59

Die Versuchspersonen füllten alle Fragebögen (Paper-Pencil-Version) bis auf M-CIDI und HAM-D selbst aus. Das M-CIDI wurde vom Versuchsleiter als Interview durchgeführt und die Antworten direkt in den Computer eingegeben. Einige Einschätzungen wie zum Beispiel äußerliche Erscheinung des Probanden wurden vom Versuchsleiter nach der Durchführung ergänzt. Die HAM-D wurde vom Versuchsleiter komplett sofort im Anschluss an die Testung ausgefüllt.

2.2.1 Fragebogen zum Internetgebrauch

Der Fragebogen zum Internetgebrauch (Seemann et al., 2000) stellt eines der beiden zentralen Untersuchungsinstrumente der vorliegenden Studie dar. Dieser Fragebogen wurde bereits in der Online-Studie in der Arbeitsgruppe von Hegerl und Seemann angewendet und dokumentiert. Der Fragebogen zum Internetgebrauch zielt zum einen auf eine Quantifizierung der Internetnutzung ab: Es soll festgehalten werden, wie viel Zeit die Versuchspersonen mit den unterschiedlichen Nutzungsweisen des Internet (MUD, Chat, Homepages, Surfen, E-mail, etc.) verbringen. Dieser Bereich stellt die „quasi-objektive" Bedeutung des Internet im Leben der einzelnen Teilnehmer dar. Andererseits wird versucht, die Qualität, d.h. die subjektive Bedeutung des Internet für den einzelnen herauszuarbeiten. Dies gilt sowohl für den Bereich der „normalen" als auch für den Bereich der „pathologischen" Nutzung des Internet – eine genauere Beschreibung bzw. ein Abgrenzungsversuch und eine Klärung wichtiger Korrelate folgt in der Diskussion.
Der Fragebogen zum Internetgebrauch umfasst 52 (Kurzversion 47) Items. Zunächst werden sieben Fragen zur Person selbst und demographische Daten erfragt. Es folgen allgemeine Fragen zum Internet-Gebrauch, die sowohl die Art der „normalen" Nutzung des Netzes (7) als auch Fragen (27) zu einem möglichen problematischen Gebrauch des Internet umfassen. Einen weiteren Bereich des Fragebogens stellen allgemeinen Fragen zur Person selbst und möglichen substanzbezogenen Abhängigkeiten sowie Zwänge dar. Abschließend folgen Fragen zum sozialen Leben, d.h. zu Freundschaften und sozialen Kontakten. Mit Hilfe der Kombination der Teilbereiche wird versucht, einen Zusammenhang zwischen den sozialen Beziehungen in der virtuellen und der realen Welt herzustellen bzw. eine möglichst genaue Beschreibung der beiden Bereiche angestrebt. Indem die sozialen Beziehungen dieser beiden Bereiche dargestellt werden, können in höherem Maße Schlussfolgerungen über die Bedeutung der Internet-Nutzung gemacht werden als dies eine isolierte Betrachtungsweise zuließe.

2.2.2 Munich Composite International Diagnostic Interview (M-CIDI)

Das CIDI ist ein standardisiertes Interview hinsichtlich psychischer Störungen nach DSM IV bzw. ICD 10, welches eine Befragung von Jugendlichen und Erwachsenen im Alter von 14 bis 65 Jahren ermöglicht. International gilt es als eines der meistverwendeten klinischen Fragebögen, derzeit liegen Versionen in 25 Sprachen vor. Die deutsche Übersetzung des Verfahrens ist das M-CIDI (Wittchen & Pfister, 1997, 1997a).
Zu einer ersten Orientierung können auch die DIA-X Screeningfragen verwendet werden; bei Verdacht auf eine psychische Störung wird als zweite Stufe das Interview oder die ent-

sprechende Sektion verwendet. Die Fragen sind möglichst einfach gehalten, um eine Anwendung bei einem breiten Alters-, Bildungs- und Sprachfähigkeitsspektrum zu ermöglichen. Die Hauptvorteile des Verfahrens liegen in der hohen Objektivität, internationalen Vergleichbarkeit, hohen Interrater-Reliabilität sowie in der ökonomischen und flexiblen Anwendbarkeit.

Das M-CIDI ist sowohl als PC-Version (CAPI) und auch in der Paper-Pencil-Version verfügbar. Die verwendete Computerversion reduzierte die Durchführungszeit der Originalversion von etwa 90 auf etwa 70 Minuten. Dies war überraschend, da im M-CIDI im Vergleich zum CIDI mehr Diagnosen und Subtypen enthalten sind. Dennoch schwankt die Zeit der Durchführung je nach (Multi-)Morbidität der befragten Personen beträchtlich.

Das M-CIDI ist in 16 Sektionen unterteilt. Nach Fragen zur Soziodemographie folgen 12 störungsbezogene Bereiche: Störungen durch Tabak, somatoforme und dissoziative Störungen, Phobien und andere Angststörungen, depressive Episoden und Dysthymie, Manie und bipolare affektive Störungen, Schizophrenie und andere psychotische Störungen, Essstörungen, Störungen durch Alkohol, Zwangsstörungen, Drogenmissbrauch und -abhängigkeit, organische einschließlich symptomatische psychische Störungen und posttraumatische Belastungsstörungen. In den drei weiteren Bereichen werden Interviewerbeobachtungen und Beurteilungen, sowie Fragen zu unterschiedlichen gesundheitsbezogenen Themen erfasst.

Der Interviewer wird anhand von standardisierten Fragen und festen Sprungregeln durch das Interview geführt. Von den etwa 600 möglichen Diagnoseklassen nach DSM IV/ICD-10 können damit etwa 100 der häufiger vorkommenden Diagnosen aus dem Bereich des Jugend- und Erwachsenenalters ermittelt werden. In den störungsbezogenen Sektionen werden die für die jeweiligen spezifischen Diagnosen notwendigen Symptome und Diagnosekriterien nach DSM-IV in Form von standardisierten Fragen geprüft. Diese sind vom Interviewer wörtlich zu stellen. Darüber hinaus wird das erste und letzte Auftreten eines vorhandenen Symptoms erfasst, was Angaben zum Zeitfenster der Störung (z.B. 1 Monat, 12 Monate, Lebenszeit) und zum Symptom- und Störungsverlauf ermöglicht.

Mit Kappa-Werten von .81 bis 1.0 ist die Interrater-Reliabilität bezüglich der Symptom- und zeitbezogenen Informationen sowie der diagnostischen Entscheidungen sehr hoch (Wittchen & Pfister, 1997, 1997a). Die Ergebnisse der Untersuchung zeigten, dass die Test-Retest-Reliabilität ähnlich (mittel bis befriedigend) hoch ist wie in vorherigen Untersuchungen gleichen Designs mit der Paper-Pencil Version. Die Validität ist ebenfalls gut: Die Diagnose- und Symptomübereinstimmung können als gut bis exzellent bezeichnet werden, sie weisen einen Kappa-Wert von .75 auf (Wittchen et al., 1998). Im Vergleich zu klinisch-psychiatrischen Konsensus-Diagnosen erfahrener Psychiater ergaben sich Kappa-Werte von .39 (psychiotische Störungen) bis .82 (Panikstörungen). Wittchen und Pfister (1997) weisen in diesem Zusammenhang auf eine möglicherweise herabgesetzte Gültigkeit bei undifferenzierten somatischen Störungen und dissoziativen Störungen hin.

In der vorliegenden Untersuchung wurde nur auf die Achse I Störungen, wie beispielsweise Angststörungen oder Abhängigkeitsstörungen eingegangen, dies entspricht der Fragestellung und der Fokussierung der vorliegenden Studie.

2.2.3 Hamilton Depression Scale (HAM-D)

Bei der Hamilton-Depression Scale (HAM-D) handelt es sich um das am weitesten verbreitete Fremdbeurteilungsverfahren zur Einschätzung des Schweregrades einer Depression. Ursprünglich war von Hamilton (1967) die Einschätzung durch zwei Beobachter und anschließende Mittelwertbildung empfohlen, inzwischen hat sich jedoch die Einschätzung durch einen Rater etabliert. Die HAM-D wird häufig eingesetzt, um Veränderungsmessungen im Verlaufe einer Therapie oder zur Überprüfung der Wirksamkeit des Einsatzes von Medikamenten zu überprüfen. In diesem Zusammenhang muss jedoch darauf geachtet werden, dass das Intervall zwischen den einzelnen Durchführungen des Tests eine Woche nicht unterschreitet. In der vorliegenden Untersuchung wurde die Einschätzung der Probanden durch den Versuchsleiter vorgenommen, hierzu wurde die erweiterte Gesamtskala der HAM-D verwendet.

Die erweiterte Gesamtskala besteht aus 21 Items. Bei 16 Items sind die Symptomschweregrade operational definiert, d.h. der Rater soll die Schweregradeinschätzung aufgrund beschriebener inhaltlicher, stimmlicher, mimischer, gestischer oder sonstiger Auffälligkeiten vorzunehmen. Bei den restlichen 5 Items soll nur die Intensität der Symptome eingeschätzt werden.

Hierzu steht bei 9 Items eine 5-stufige Skala zur Verfügung während bei Item 20 (Paranoide Symptome) eine 4-stufige Urteilsskala vorgegeben ist. Die restlichen Items sind jeweils 3-stufig. Zur Beurteilung können auch weitere Informationsquellen wie zum Beispiel die Auskunft von Verwandten, Freunden oder Beobachtungen seitens des behandelnden Arztes hinzugezogen werden.

Die Durchführung des HAM-D in Interviewform dauert etwa 30 Minuten, wobei die Informationen nicht durch direktes Abfragen der Items gesammelt werden sollten. Zur Auswertung wird ein Summenscore der einzelnen Items gebildet. Es besteht neben der Berücksichtigung des Gesamtsummenwertes auch die Möglichkeit, einzelne Faktoren zu extrahieren. Mehrere faktoranalytische Untersuchungen führten bei der Auswertung jedoch zum Ergebnis, dass eine einfaktorielle Lösung gegenüber mehrfaktoriellen Lösungen vorzuziehen ist (Hamilton, 1986, 2005). Es gelang jedoch nicht, einen Generalfaktor zu extrahieren, was die Fähigkeit der HAM-D zur Beurteilung des Schweregrades der Symptomatik zumindest einschränkt (Maier et al., 1985). Deswegen eignet sich die HAM-D nur für die Einschätzung des Schweregrades einer diagnostizierten Depression. Die Festlegung von Cut-Off-Werten (z.B. 25 Punkten) als Kriterium für die Diagnose einer bestehenden Depression nach DSM oder ICD ist nicht empfehlenswert.

Die umfassenden Übersichten von Hedlund und Vieweg (1979) wiesen Werte der Inter-Raterreliabilität im Bereich von $r = .52$ bis $.98$ auf, die innere Konsistenz bewegte sich zwischen $.52$ bis $.92$. Ähnliche Werte ergaben sich bei der Untersuchung von Baumann (1976): Hier lagen die Konsistenzkoeffizienten (Cronbach's Alpha) zwischen $.73$ und $.88$ und können somit als gut bezeichnet werden.

2.2.4 Yale Brown Obsessive Compulsive Scale (Y-BOCS)

Die Yale Brown Obsessive Compulsive Scale (Y-BOCS, Goodman et al., 1989, 1989a) ist ein halbstrukturiertes Interview zur Beurteilung des Schweregrades von Denk- und Handlungszwängen (Hand & Büttner-Westphal, 1991). Die Y-BOCS gilt im englischsprachigen

Raum als das beste Messinstrument zur Erfassung von Zwangsstörungen. Sie wird als halbstrukturiertes Interview eingesetzt und besteht aus 19 (Originalversion 1986) bzw. 21 Items (revidierte Version 1989a) Items. Zusätzliche anamnestische Informationen anderer Personen wie zum Beispiel Verwandte oder Freunde können bei der Auswertung berücksichtigt werden. Die psychometrischen Eigenschaften der englischen Version wurden mehrfach überprüft und sind als exzellent einzustufen. Es ergab sich sowohl für den Gesamtscore als auch für die ersten beiden zehn Items hohe Übereinstimmungen: Alle Korrelationen lagen über 0.85 (Pearson's Korrelationskoeffizient). Bei unterschiedlichen Ratern ergab sich eine durchschnittliche interne Konsistenz (Cronbach's alpha) von 0,89 (Goodman et al., 1989, 1989a).

Die deutsche Version der Y-BOCS (Büttner-Westphal & Hand, 1991) basiert auf der revidierten Version von 1989. Die Ermittlung der Reliabilität der deutschsprachigen Fassung wurde von Jacobsen et al. (2003) durchgeführt. Um eine unabhängige Einschätzung der beiden Rater zu gewährleisten, wurde strikt darauf geachtet, dass es nicht zu Absprachen oder Diskussionen über die Patienten kam. Die interne Konsistenz (Cronbach's alpha) lag bei beiden Ratern bei r = .80 (Rater 1: r = .81; Rater 2: r = .80). Die Raterübereinstimmung zwischen den beiden Ratern lag bei den einzelnen Items zwischen r =.74 und r = .97. Die Korrelation der beiden Rater für den Gesamtwert lag bei r = .90 (Jacobsen et al., 2003). Auch wenn einschränkend zu konstatieren ist, dass die Stichprobe mit 22 Patienten relativ klein ist, ist sie dennoch in zentralen Parametern wie Alter, Geschlecht, Bildungsgrad und mittleren Y-BOCS-Wert mit anderen Untersuchungen zu Zwang vergleichbar (Moritz et al., 2001; Moritz et al. 2002; Summerfeldt et al., 1999). Die Gütekriterien sprechen eindeutig dafür, dass es sich bei Y-BOCS auch in der deutschen Version um ein zuverlässiges Interviewverfahren handelt.

2.2.5 Spielsuchtfragebogen (Gamblers Anonymous, GA)

Der Verein der „Gamblers Anonymous" ist seit 1957 in der Betreuung von pathologischen Spielern in Amerika und den Ländern Europas tätig. Der Verein hat in Anlehnung an die Diagnosekriterien des DSM IV (Saß et al., 1998) zum pathologischen Spielen zwanzig Fragen („Twenty Questions", 1980) als Screeningverfahren erstellt, welche sie in ihren Informationsblättern oder in ihrer Homepage (www.gamblersanonymous.org) dem Interessierten oder Betroffenen zur Verfügung stellen (Abb. 8).

Darin werden die typischen Merkmale der Glücksspielsucht wie die bekannte Aufholjagd des verlorenen Geldes, Einschränkungen der Kontrollfähigkeiten, legale und illegale Geldbeschaffungsstrategien, Glücksmotive, Schuldgefühle und die persönlichen, familiären, beruflichen sowie strafrechtlichen Nachteile des Glücksspielverhaltens thematisiert (Meyer, 1984). Als Auswertungsrichtlinie wird bei der Bejahung von sieben der zwanzig Fragen von dem Vorliegen eines „pathologischen Glücksspiels" im Sinne einer Selbstdiagnose ausgegangen.

1. Haben Sie jemals Arbeits- oder Schulzeit durch Spielen versäumt?
2. Hat Ihnen das Spielen schon häusliche Missstimmungen gebracht?
3. Hat Ihr guter Ruf durch das Spielen gelitten?
4. Haben Sie schon einmal Gewissensbisse nach dem Spielen verspürt?
5. Haben Sie schon einmal gespielt in der Erwartung, mit dem Spielgewinn Schulden zu bezahlen oder andere finanzielle Probleme zu lösen?
6. Haben Ihre Zukunftspläne und Ihre Leistungsfähigkeit durch das Spielen Einschränkungen erfahren?
7. Wollen Sie einen Spielverlust so schnell wie möglich zurückgewinnen?
8. Haben Sie nach einem Spielgewinn den starken Drang weiterzuspielen, um noch mehr zu gewinnen?
9. Haben Sie schon oft Ihnen letzten Cent verspielt?
10. Haben Sie sich schon einmal Geld geliehen, um spielen zu können?
11. Haben Sie schon einmal etwas verkauft, um spielen zu können?
12. Haben Sie nur widerstrebend „Spielgeld" für alltägliche Ausgaben verwendet?
13. Haben Sie Ihr eigenes Wohlergehen und das Ihrer Familie durch das Spielen vernachlässigt?
14. Haben Sie schon einmal länger gespielt, als Sie eigentlich wollten?
15. Haben Sie im Spiel schon einmal Sorgen und Ärger vergessen wollen?
16. Haben Sie schon einmal auf ungesetzliche Weise Ihr Spiel finanziert oder schon einmal an eine solche Möglichkeit gedacht?
17. Hat das Spielen bei Ihnen Schlafstörungen verursacht?
18. Entsteht nach Auseinandersetzungen, Streit, Enttäuschungen und Frustrationen bei Ihnen der starke Wunsch, spielen zu gehen?
19. Haben Sie schon einmal das Verlangen gehabt, anlässlich glücklicher Ereignisse in Ihrem Leben „zur Feier des Tages„ ein paar Stunden spielen zu gehen?
20. Ist Ihnen schon einmal bewusst geworden, dass Sie sich mit dem Spielen selbst zerstören?

Abb. 8: Zwanzig Fragen der Gamblers Anonymous (1980); Übersetzung v. Kratzer

Die an diesem Vorbild orientierten Selbstbeurteilungsfragebogen werden inzwischen auch im deutschsprachigen Raum von Klinikern eingesetzt (vgl. Kellermann & Sostmann, 1992), da es sich um eine kategoriale Einstufung nach dem DSM IV (Saß, et al., 1998) handelt. In der psychometrischen Studie von Ursua und Uribelarrea (1998) konnte eine sehr gute interne Konsistenz (Cronbach's alpha = .94) sowie eine hohe Übereinstimmung mit dem South Oaks Gambling Sreeningverfahren (SOGS, Lesieur & Blume, 1987) festgestellt werden (r = .94; p > .001).
Zehn der zwanzig Fragen wurden von Seemann et al. (2000) Bezug nehmend auf den Internetgebrauch umformuliert (Abb. 9).

1. Haben Sie jemals Zeiten am Arbeitsplatz oder in der Schule wegen des Internet-Gebrauchs versäumt?
2. Hat der Internet-Gebrauch Ihr Leben zu Hause jemals unglücklich gemacht?
3. Haben Sie es schon einmal bereut, das Internet benutzt zu haben?
4. Hat der Internet-Gebrauch Ihrem Tatendrang oder Ihrer Leistungsfähigkeit geschadet?
5. Haben Sie sich jemals Geld geborgt oder Schulden gemacht, um das Internet zu gebrauchen?
6. Vernachlässigen Sie sich, Ihr Wohlbefinden oder das Ihrer Familie wegen des Internet-Gebrauches?
7. Haben Sie schon einmal das Internet länger benutzt als geplant?
8. Hat der Internet-Gebrauch jemals zu Schlafstörungen geführt?
9. Führen Streit, Enttäuschung, Sorgen, Ärger oder Frustration zu einem Drang, das Internet zu gebrauchen?
10. Haben Sie schon einmal an Selbstmord wegen des Internet-Gebrauchs gedacht?

Abb. 9: **Gamblers Anonymous, modifiziert für den Internetgebrauch (Seemann et al., 2000)**

Auf diese Weise wurde eine Überprüfung des Zusammenhangs zwischen dem pathologischen Glücksspiel und der pathologischen Internetnutzung möglich.

2.2.6 Sense of Coherence Scale (SOC) – Lebensorientierung (LO)

Die Sense of Coherence Scale (SOC) basiert auf dem Salutogenese-Modell von Antonovsky. Dieser stellt bisherige dominierende pathogenetische Erklärungsansätze zur Entstehung von Krankheiten in Frage und richtet den Fokus auf die Frage, wie Menschen trotz mannigfaltiger Belastungen und Stressoren gesund bleiben können bzw. wie sie wieder gesund werden. Damit wird die Dichothomie von Gesundheit und Krankheit als bestehende Kategorien aufgehoben, sie werden vielmehr als Endpunkte eines Kontinuums von Zuständen angesehen. Der Mensch ist demnach immer mehr oder weniger gesund oder krank. Im Mittelpunkt des Salutogenesemodells steht das Konzept des Kohärenzgefühls. Antonovsky (1979) definiert es als eine globale Orientierung, welche zum Ausdruck bringt, das man ein generalisiertes, überdauerndes Gefühl des Vertrauens besitzt, welches eine Einschätzung der Umwelt und der Person selbst ermöglicht (vgl. Antonovsky, 1979). Die Komponenten des Kohärenzsinn bestehen aus Verstehbarkeit, Handhabbarkeit und Bedeutsamkeit (vgl. Antonovsky, 1993). Zur empirischen Überprüfung seines Modells hat Antonovsky (1987) einen Fragebogen zur Erfassung des Kohärenzgefühls entwickelt, die in einer Langversion mit 29 Items besteht. Der Fragebogen ist ein Selbstbeurteilungsbogen, die einzelnen Aussagen sind in sieben Kategorien abgestuft.
Es konnte empirisch belegt werden, dass die Originalversion über hinreichende Reliabilität im Sinne der internen Konsistenz und zeitliche Stabilität verfügt (vgl. Antonovsky, 1993). Auch für die deutsche Version konnte in einer Studie von Schumacher et al. (2000) aufgezeigt werden, dass die SOC mit Werten zwischen $r = .84$ und $.95$ eine gute interne

Konsistenz (Cronbach's alpha) aufweist. In einer repräsentativen Studie in Schweden (Larsson & Kallenberg, 1996) konnten Soll-Mittelwerte bezüglich des Gesamtscore bei zwei Altersgruppen festgelegt werden: 15-29 Jahre, M = 62,74; 30-49 Jahre M = 64,98. In Deutschland wurden bislang keine Soll-Mittelwerte in Normstichproben erhoben. Die faktorielle Validität der von Antonovsky beschriebenen Komponenten ist jedoch mangelhaft. Die theoretisch postulierten Komponenten „Verstehbarkeit", „Handhabbarkeit" und „Bedeutsamkeit" korrelierten hoch miteinander und konnten in ihrer Struktur faktoranalytisch nicht reproduziert werden. Deswegen wird in der vorliegenden Studie der Gesamtsummenwert errechnet und auf die drei Komponenten nicht näher eingegangen. Da die bereits von Antonovsky (1993) angesprochenen notwendigen Verbesserungen und Modifikationen des Fragebogens, welche aufgrund einiger Schwächen auch in anderen Untersuchungen deutlich wurden (Amelang & Schmidt-Rathjens, 2000), immer noch ausstehen, wurde auf die bestehende Form des SOC sowie die Soll-Mittelwerte von Larsson & Kallenberg (1996) zurückgegriffen.

2.2.7 Anomieskala

Ausgangslage dieser Skala ist der von Merton (1967) geprägte Begriff der Anomie. Unter diesem Begriff versteht Merton, im Sinne eines soziologischen Konzepts, die Dissoziation oder Entfremdung von kulturell vorgegebenen Zielen und institutionalisierten Mitteln (vgl. Basler, 1990). Die Diskrepanz zwischen gesellschaftlichen und persönlichen Zielen sowie deren legale Verwirklichung erzeugt damit einen anomischen Druck, der zu abweichendem Verhalten führen kann. So ist die Entwicklung von Abhängigkeitsstörungen oder der Drogenkonsum an sich, im Verständnis der Anomietheorie, eine Reaktionsform auf Orientierungslosigkeit innerhalb der Gesellschaft. Von Srole (1956) wurde dem soziologischen das sozialpsychologische Konzept der Anomia gegenübergestellt. Srole (1956) bezeichnet in diesem Konzept ein Individuum dann als anomisch, wenn es sich nicht ausreichend in ein soziales System integriert, sich nicht zugehörig fühlt und „sich von niemand geschätzt und geliebt weiß" (Srole, 1956, zit. nach Basler, 1990 S. 335). Aufgrund der ursprünglich soziologischen Perspektive erscheint es schwierig, an Hand der Werte der Anomieskala (Srole, 1956) Aussagen über einzelne Individuen zu machen, ohne die Zugehörigkeit zu der entsprechenden sozialen Gruppierung der Person zu berücksichtigen. Auf den Zusammenhang von Schichtzugehörigkeit und Anomiewerten ist in der Vergangenheit mehrfach hingewiesen worden (Bell, 1957; Srole, 1956).
In der vorliegenden Arbeit werden deshalb die Werte der Anomieskala nur als eine zusätzliche Ko-Variable verwendet, welche eine Tendenz aufzeigen kann, nicht jedoch den strengen Kriterien einer validen und reliablen Diagnostik genügt.

2.2.8 International Personality Disorder Examination (IPDE)

Die IPDE (International Personality Disorder Examination) ist ein (halb-) Strukturiertes Interview, welches entwickelt wurde, um Störungen im Sinne der ICD-10 Klassifikation zu diagnostizieren. Das internationale Klassifikationssystem für Krankheiten - ICD 10 (Dilling et al., 1993) wird weltweit verwendet und reflektiert die Ansichten internationaler

Anforderungen. Die IPDE resultiert aus einem gemeinsamen Forschungsprogramm der Weltgesundheitsorganisation (WHO) und des National Instituts of Health (NIH) mit dem Ziel, eine Leitlinie zur Diagnostik und Klassifikation von Persönlichkeitsstörungen zu entwickeln, welche weltweit in der klinischen Forschung und Praxis eingesetzt werden sollten. Die IPDE beruht weitgehend auf Selbstauskunft: Sie setzt voraus, dass ein Person in der Lage ist, eine zutreffende Beschreibung von ihrer Persönlichkeit zu geben. Dies ist insofern problematisch, da eine Person einige ihrer Persönlichkeitszüge gar nicht wahrnehmen kann. Außerdem verlangt die IPDE, dass ein Verhalten, welches für mindestens ein Kriterium einer Persönlichkeitsstörung spricht, vor dem Alter von 25 Jahren vorliegen muss, bevor diese diagnostiziert werden kann. Der zweite wichtige Punkt der Diagnose ist die fünfjährige Dauer dieser Störung.

Die Interrater-Reliabilität und Zeitstabilität der IPDE wurde in 14 klinischen Zentren in 11 Ländern untersucht. An dieser Feldstudie nahmen 58 Psychiater und 716 Patienten teil. Laut Manual (Loranger, 1996, dt. Fassung Mombour et al., 1996) lagen Reliabilität und Stabilität der IPDE in gleichen Bereichen wie bei anderen Untersuchungsinstrumenten zu Psychosen, affektiven Störungen. Konkrete Angaben hierzu werden im Handbuch nicht gemacht, es wird lediglich auf die Untersuchung von Loranger et al. im Jahre 1994 (Loranger, 1996, dt. Fassung Mombour et al., 1996) verwiesen. Über die Validität lässt sich nur bedingt Aussagen machen: bei einem halbstrukturierten Interview hängt dies sehr stark von den beteiligten Klinikern ab. Die meisten Kliniker, die an der Feldstudie teilnahmen, stimmten jedoch in ihrem Urteil überein, dass die IPDE eine nützliche und wichtige Methode zur Erfassung von Persönlichkeitsstörungen für Forschungszwecke darstellt.

In der vorliegenden Untersuchung wurde die IPDE in einer Kurzform als Screening-Fragebogen ausgefüllt, welcher an den Persönlichkeitsstörungsbildern nach ICD-10 orientiert ist. Dieser umfasst 59 Aussagen, zu denen dichotom geantwortet werden soll: r für richtig und f für falsch. Die Probanden werden ausdrücklich darauf hingewiesen, dass sie sich für eine der beiden Alternativen entscheiden müssen. Zur Auswertung werden die einer Persönlichkeitsstörung zugeordneten Items aufsummiert. Es wird nach folgenden Persönlichkeitsstörungen unterschieden: paranoid, schizoid, dissozial, impulsiv, Borderline, histrionisch, anankastisch, selbstunsicher (ängstlich) und abhängig. In der Auswertung des Fragebogens wird ausdrücklich darauf hingewiesen, dass der Screening-Fragebogen nicht dazu benutzt werden sollte, eine Diagnose zu stellen oder einen dimensionalen Score für eine Persönlichkeitsstörung zu berechnen. Deswegen werden die vorliegenden Werte auch nur als eine zusätzliche Ko-Variable verwendet, welche eine Tendenz aufzeigen kann, nicht jedoch den strengen Kriterien einer validen und reliablen Diagnostik genügt.

2.3 Statistik

In die Offline-Studie gingen insgesamt 61 Datensätze ein, die weitgehend vollständig ausgefüllt waren. Die anonymisierten Fragebögen wurden mit Hilfe der Vergabe von Versuchspersonennummern kodiert. Anschließend wurden die Daten in den PC eingegeben und mit Hilfe des Statistikprogramms SPSS 11.1 ausgewertet.

Sowohl für die Beschreibung der Unterschiede zwischen den beiden Probandengruppen, als auch zur Prüfung der Fragestellung (Kapitel 3) wurden folgende Verfahren und Darstellungen angewandt:
Die Unterschiede bezüglich einzelner Werte wie „Internet-Anwendungen" oder „negative Begleiterscheinungen" zwischen den Probandengruppen wurden durch Kreuztabellen dargestellt und mit Hilfe des Chi-Quadrat-Tests von Pearson überprüft. Mittelwertvergleiche zwischen den beiden Probandengruppen, zum Beispiel der durchschnittlichen privaten Online-Zeit pro Woche (pathologische versus nicht-pathologische Internetnutzung) wurden mittels T-Test (für intervallskalierte Daten) erstellt (Bortz & Döring, 1995).
Bei ordinalskalierten Daten wurden unter Berücksichtigung der Fragestellung und der Qualität der Daten sowohl der Chi-Quadrat-Test (für unterschiedliche Häufigkeitsverteilung), als auch der T-Test verwendet wird.
Um den Zusammenhang zwischen den genannten negativen Begleiterscheinungen (körperliche und seelische Beschwerden, Entzugserscheinungen) und den Internetnutzungsstunden pro Woche zu verdeutlichen, wurde die Darstellung mittels Boxplot gewählt (vgl. Bortz & Döring, 1995).
Bei gerichteten Hypothesen wie bei der Annahme, dass eine größere Anzahl an Achse-I-Diagnosen einer Person, zu einem kleineren Summenwert des Fragebogens zur Lebensorientierung führen müsste, also einer so genannten gerichteten Hypothese, wurde die Korrelation nach Spearman mit einseitigem Signifikanztest ermittelt; bei ungerichteten Hypothesen ein zweiseitiger Signifikanztest verwendet.
Alle Resultate wurden ab $p \leq 0.05$ als signifikant angesehen. Die Ergebnisse der Untersuchung wurden in einer anschließenden Diskussion miteinander deskriptiv verglichen.

3. ERGEBNISSE

Um die Hauptfragestellung, ob das Phänomen der pathologischen Internetnutzung eine Primärstörung ist oder eine Begleiterscheinung einer bereits bestehenden psychischen Störung zu beantworten, werden nach den deskriptiven Unterschieden zwischen den beiden Gruppen zuerst die Diagnosen des M-CIDI dargestellt.
Im Weiteren sollen dann die Unterschiede zwischen den beiden Probandengruppen bezüglich der Abhängigkeits- und Suchtformen (Angaben im Internetfragebogen), Lebensorientierung und der sozialen Integration (Anomie) auf einen möglichen Zusammenhang der pathologischen Internetnutzung hin überprüft werden.
Im Anschluss daran werden dann phänomenologisch die Angaben (Selbstauskunft) und Testergebnisse derjenigen Probanden gegenübergestellt, bei denen trotz pathologischer Internetnutzung keine Diagnose für eine vorrangige psychische Störung festzustellen sind.

3.1 Deskriptive Gegenüberstellung der Probandengruppen

An der vorliegenden Studie nahmen insgesamt 61 Personen, 35 Männer und 26 Frauen im Alter von 15 bis 57 Jahren teil. Diese Anzahl teilte sich in die beiden Gruppen der als „nicht-pathologisch" eingestuften Viel-Nutzer-Vergleichs- bzw. Kontrollgruppe, mit 18 Männern und 13 Frauen und der als „pathologisch" eingestuften Internetnutzer, mit 17 Männern und 13 Frauen ein. Die Viel-Nutzer-Vergleichsgruppe ist passend in Bezug auf Alter, Geschlecht und Berufsstand und dadurch gut vergleichbar (Tab. 9, 10 und 12):

Tab. 9: Altersverteilung in Jahren

Probanden	N	Min.	Max.	M	sd
nicht pathologisch	31	15 J.	57 J.	26,97 J.	9,17 J.
pathologisch	30	19 J.	41 J.	28,27 J.	6,43 J.

Anmerkungen: M = Mittelwert; sd: Standardabweichung

Tab. 10: Geschlechtsverteilung

	nicht-pathologisch		pathologisch	
Probanden	Anzahl	%	Anzahl	%
männlich	18	58,1%	17	56,7%
weiblich	13	41,9%	13	43,3%

Die von den Probanden gemachten Angaben zum Schulabschluss reichten vom Sonderschul- bis hin zum Hochschulabschluss. Eine Person befand sich noch in Ausbildung. Die größte Gruppe stellten die Studenten dar; es waren aber auch Angestellte, Arbeitslose, Hausfrauen und Rentner in der Stichprobe vorhanden. Die meisten Befragten gaben an, sich in einer festen Partnerschaft zu befinden. Eine genaue Aufschlüsselung der Stichprobe zu den oben genannten Angaben findet sich in den Tabellen 11 und 13.

Tab. 11: Schulabschluss

Probanden	nicht-pathologisch		pathologisch	
	Anzahl	%	Anzahl	%
noch in der Schule	1	3,2%		
Sonderschulabschluss	1	3,2%		
Haupt-/Volksschulabschluss	1	3,2%	2	6,7%
Mittlere Reife /polytech. OS	1	3,2%	5	16,7%
Fachabitur/Abitur	27	87,1%	23	76,7%

Tab. 12: Berufliche Situation

Probanden	nicht-pathologisch		pathologisch	
	Anzahl	%	Anzahl	%
Schüler	1	3,2%	1	3,3%
Auszubildende	2	6,5%	1	3,3%
Student	19	61,3%	19	63,3%
Angestellte	4	12,9%	5	16,7%
Selbständige	2	6,5%	0	-
Arbeitslose	1	3,2%	2	6,7%
Hausfrau	1	3,2%	1	3,3%
Rentner/Frührentner	1	3,2%	1	3,3%

Tab. 13: Partnersituation – Angaben in %

Probanden	nicht-pathologisch (N = 30)*		pathologisch (N = 30)	
	Anzahl	%	Anzahl	%
kurzfristig kein Partner	6	20,0%	5	16,7%
langfristig kein Partner	4	13,3%	6	20,0%
wechselnde Partner	4	13,3%	1	3,3%
fester Partner/Ehe	3	10,0%	1	3,3%
fester Partner	13	43,3%	17	56,7%

(*N=30, da eine Person erst 15 Jahre alt)

Zum Zeitpunkt der Befragung nutzten die Probanden über einen Zeitraum von einem bis zu zehn Jahren das Internet (Abb. 10).

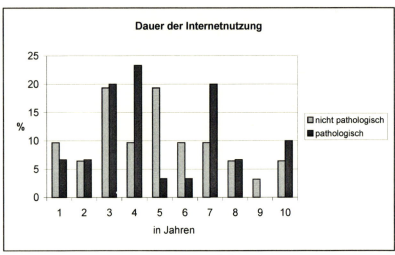

Abb. 10: Dauer der Internetnutzung zur Zeit der Befragung

Der wöchentliche Zeitaufwand wurde für die Bereiche *Privat* (private Online-Zeit), *Beruf* (berufliche Online-Zeit) und *Sonstiges* (Offline-Zeit, um sich Informationen und Kenntnisse, das Internet betreffend anzueignen) wie folgt angegeben (Tab. 14):

Tab. 14: Zeitverbrauch in Stunden pro Woche

Probanden	Min.	Max.	M	sd
nicht pathologisch				
Privat	5	40	19,74	8,28
Beruf	1	60	8,71	11,86
sonstiges	0	12,5	2,35	3,05
pathologisch				
Privat	10	80	31,62	17,19
Beruf	1	30	10,48	8,68
sonstiges	0	50	6,21	10,03

Anmerkungen: Min: minimale Anzahl an Stunden im Internet; Max: maximale Anzahl an Stunden im Internet; M = Mittelwert; sd: Standardabweichung

Bei der Überprüfung der privaten Online-Zeiten konnte folgendes zur Unterscheidung der beiden Teilstichproben festgestellt werden:
Es fand sich ein hochsignifikanter Unterschied (T = 3,45; (df = 59); p = .001), bei der privat im Internet verbrachten Zeit zwischen der Gruppe der „pathologischen" (n = 30; M = 31,62; sd = 17,19) und der Gruppe der „nicht-pathologischen" (n = 31; M = 19,74; sd = 8,28).

Außerdem zeigte sich eine hochsignifikante positive Korrelation (r = .39; (N = 61); p = .001; 1-seitig) zwischen der Einstufung (Grad der pathologischen Internetnutzung) und der im Netz verbrachten privaten Zeit. Je pathologischer die Probanden in ihrer Internetnutzung eingestuft wurden, umso höher war die private Stundenzahl pro Woche im Netz. Es konnte jedoch kein Unterschied in der beruflich im Netz verbrachten Stundenzahl pro Woche im Vergleich der beiden Gruppen gefunden werden.

Die Anwendungen, wie die Nutzung von E-mail-Diensten innerhalb der privaten Onlinezeit im Internet (Tab. 15) werden in Prozent angegeben, um zu verdeutlichen, dass von einer Person mehrere Anwendungen gleichzeitig genutzt werden.

Tab. 15: Nutzung der Anwendungen des Internet

Anwendungen	nicht-pathologisch	pathologisch	insgesamt
email	100,0%	96,7%	98,4%
surfen	96,8%	93,3%	95,1%
Infos suchen	93,5%	66,7%	80,3%
downloads	74,2%	73,3%	73,8%
kommunizieren	45,2%	70,0%	57,4%
Erotik	22,6%	16,7%	19,7%
spielen	12,9%	16,7%	14,8%
einkaufen oder banking	9,7%	10,0%	9,8%

Zu Beginn der Auswertung wurde festgestellt, dass die vorhandenen Anwendungskategorien des Internetfragebogens von Seemann et al. (2000), wie „Chat", „MUD", „email", „www-surfen", „Suchmaschinen", „Download", „Erotik" und „sonstige" nicht ausreichend präzise die Nennungen der Probanden wiedergaben. Anwendungen, die beispielsweise der Kommunikation dienen (ssh, mbone, ftp-clients, ICR usw.) wurden von den Probanden unter „sonstige" aufgelistet.
Aus diesem Grund wurden die wörtlichen Nennungen in der Kategorie „sonstiges" zum Teil den bereits vorhandenen Kategorien oder Überbegriffen wie „einkaufen oder Banking", „Infos suchen", „kommunizieren" und „spielen" zugeordnet.
Mit dieser verbesserten Struktur der Anwendungsarten konnten alle wörtlichen Nennungen die bislang der Kategorie „sonstige" zugeordnet wurden, wie die oben genannten Nennungen ssh, mbone, ftp-clients, IRC und ICQ zum Überbegriff „Kommunikation" vereint werden.

Das Internet wird von den als „pathologisch" eingestuften Personen wesentlich mehr zur Kommunikation (chatten, ICR u. ä.) genutzt (70%), als von der Gruppe der „Nicht-pathologischen" (45,2%). Der Unterschied zwischen den beiden Probanden-gruppen ist diesbezüglich signifikant (χ^2 = 3,85; (df = 1, N = 61); p = .050).
Im Gegensatz dazu wird das Internet von den „Nicht-pathologischen" mehr zur Informationssuche (93,5%) genutzt als von den als „pathologisch" eingestuften Personen (66,7%). Der Unterschied zwischen den beiden Probandengruppen ist hochsignifikant (χ^2 = 6,97; (df = 1, N = 61); p = .008).

Zur Veranschaulichung folgt die graphische Darstellung der obigen Ergebnisse aufgeteilt in die beiden Probandengruppen (Abb. 11):

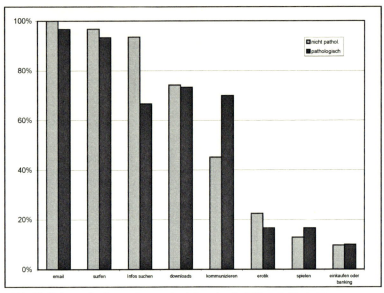

Abb. 11: Nutzung der Anwendungen des Internet aufgeteilt nach Gruppen

Eine weitere interessante Unterscheidung zwischen den beiden Probandengruppen wurde in Bezug auf die genannten negativen Begleiterscheinungen gefunden (Abb. 12).

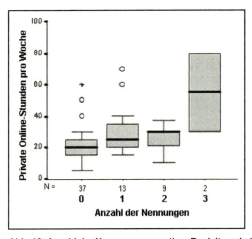

Abb. 12: Anzahl der Nennungen negativer Begleiterscheinungen

Beschwerden, Entzugserscheinungen) berichten, sind länger pro Woche im Internet als die Probanden mit 2 oder weniger negativen Begleiterscheinungen. Im Boxplot ist dies am Median erkennbar (Abb. 12).

Als letzte Unterscheidung der beiden Probandengruppen werden in der Tabelle 16 die gefundenen positiven Screeningergebnisse für Hinweise auf eventuelle Persönlichkeitsstörungen dargestellt. Hierbei wurde nur dann ein „Verdacht auf Persönlichkeitsstörung" angenommen, wenn über die Hälfte der zugehörigen Items einer Persönlichkeitsstörung positive Ladungen aufwiesen (z.b. bei der anankastischen Persönlichkeitsstörung fünf von neun möglichen Positivladungen).

Tab. 16: IPDE-Screening für Persönlichkeitsstörungen

IPDE-Screening für Persönlichkeitsstörungen	pathologische Internetnutzung (N = 27)	nicht-pathologische Internetnutzung (N = 31)
Paranoid	7 (25,9%)	2 (6,5%)
Schizoid	3 (11,1%)	1 (3,2%)
Dissozial	1 (3,7%)	
Impulsiv	5 (18,5%)	3 (9,7%)
Borderline	2 (7,4%)	
Histrionisch	3 (11,1%)	2 (6,5%)
Anankastisch	4 (14,8%)	4 (12,9%)
Selbstunsicher	4 (14,8%)	
Abhängig	4 (14,8%)	
Gesamt	**33**	**12**

Anmerkung: N = 27 bei der path. Internetnutzung, da bei drei Probanden kein Screening vorgenommen werden konnte

Insgesamt wurden mehr positive Screenings für mögliche Persönlichkeitsstörungen bei den Probanden mit pathologischer Internetnutzung (33) als bei der Vergleichsgruppe der Viel-Nutzer (12) gefunden.

3.2 Psychische Störungen (CIDI-Diagnosen)

Dargestellt werden die psychischen Störungen, welche mit dem M-CIDI (Wittchen & Pfister, 1997, 1997a) diagnostiziert wurden. Hierbei werden nur zusammengefasste Diagnosen der Angststörungen (15 vs. 4), der depressiven Störungen (12 vs. 1) sowie der Substanzabhängigkeiten (11 vs. 6) der beiden Probandengruppen gegenüber gestellt (Abb. 13; Tab. 17, siehe nächste Seite).
Aufgrund der geringen Zahl der Diagnosen des computergestützten Diagnoseinstruments CIDI (Wittchen & Pfister, 1997) für Posttraumatische Belastungsstörung (2 vs. 0) und Paranoide Schizophrenie (1 vs. 0), erwies sich dort eine Überprüfung der möglichen Zusammenhänge nicht als sinnvoll.

Im Falle einer doppelten Diagnosestellung innerhalb der selben Kategorie (z.B. Dysthyme Störung und unterschwellige depressive Episode oder Agoraphobie und soziale Phobie) wurde nur die Diagnose der schwerwiegenderen Störung gezählt.

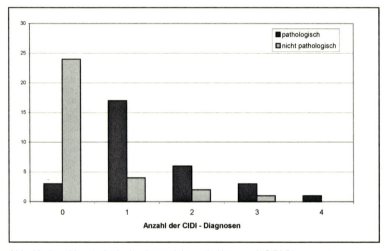

Abb. 13: Anzahl pathologischer bzw. nicht-path. Nutzer mit CIDI-Diagnosen

Tab. 17: CIDI – Diagnosen aufgeteilt nach Probandengruppen

CIDI- Diagnosen	pathologische Internetnutzung (N=30)	nicht-path. Internetnutzung (N=31)
Angststörungen		
Gen. Angststörungen	3 (10,0%)	
Panikstörung mit Agoraphobie	2 (6,7%)	
Spezifische Phobie	5 (16,7%)	2 (6,5%)
Soziale Phobie	1 (3,3%)	1 (3,2%)
Panikstörung ohne Agoraphobie	1 (3,3%)	
Agoraphobie	1 (3,3%)	
nicht näher bez. Angststörung	2 (6,7%)	1 (3,2%)
Affektive Störungen		
Depression	4 (13,3%)	
Depressive Episode (unterschwellig)	6 (20,0%)	1 (3,2%)
Dysthyme Störung	2 (6,7%)	
Substanzabhängigkeiten		
Tabakabhängigkeit	7 (23,3%)	3 (9,7%)
Alkoholabhängigkeit	3 (10,0%)	2 (6,5%)
Cannabisabhängigkeit	1 (3,3%)	1 (3,2%)
andere Störungen		
Posttraumatische Belastungsstörung	2 (6,7%)	
Zwangsstörung (CIDI/Y-Bocs)	1 (3,3%)	
Paranoide Schizophrenie	1 (3,3%)	
Gesamt	**42**	**11**

Die Verteilung der Anzahl der Störungen ging von null bis zu insgesamt vier Störungen (N = 61; M = 0,89; sd = 1,07). Bei den Probandengruppen konnten bei den nicht-pathologischen Nutzern null bis drei Störungen gefunden werden (N = 31; M = 0,35; sd = 0,76) während bei den pathologischen Nutzern null bis vier Störungen gezählt wurden (N = 30; M = 1,40; sd = 0,93).

Die als pathologisch in der Internetnutzung bezeichneten Personen hatten häufiger CIDI-Diagnosen aufzuweisen als die Vergleichs- bzw. Kontrollgruppe (Tab. 18). Der Gruppenvergleich durch einen T-Test ergab einen hochsignifikanten Unterschied (T = 4,82; (df = 59) p = .000).

Tab.18: Anzahl der CIDI-Diagnosen der beiden Probandengruppen (N=61)

Internetnutzung	CIDI-Diagnose	
	ja	nein
nicht-pathologisch	7 (20,6%)	24 (88,8%)
pathologisch	27 (79,4%)	3 (11,1%)

Wie aus Tabelle 18 hervorgeht wiesen nur 3 Probanden, die als pathologisch in ihrer Internetnutzung eingestuft wurden keine CIDI-Diagnose auf. Es könnte sich also bei diesen drei Probanden um einen genuinen pathologischen Internetgebrauch handeln. Eine genauere Darstellung der Angaben (Selbstauskunft) und Testergebnisse dieser Probanden wird im Anschluss (Kapitel 3.4) vorgenommen.

Im Folgenden werden die Ergebnisse für die drei Gruppen der CIDI-Diagnosen im einzelnen dargestellt (keine Mehrfachnennungen pro Person).

Angststörungen

Der Unterschied bezüglich der Angststörungen zwischen den beiden Probandengruppen „nicht-pathologisch" (3 von 31 = 9,7%) und „pathologisch" (13 von 30 = 43,3%) gilt mit dem Chi-Quadrat-Test als hochsignifikant bestätigt (χ^2 = 8,93; (df = 1, N = 61); p = .003).

Depressive Störungen

Zwischen den beiden Probandengruppen konnte der Unterschied (Tab. 19) hinsichtlich der depressiven Störungen (gesamt) mit dem Chi-Quadrat-Test als hochsignifikant eingestuft werden (χ^2 = 12,30; (df = 1, N = 61); p = .000).

Tab. 19: Häufigkeit der depressiven Störungen – CIDI-Diagnosen

Depressive Störungen	Patholog. Internetnutzung		Gesamt
	ja (N=30)	nein (N=31)	(N=61)
nein	18 (60,0%)	30 (96,8%)	48 (78,7%)
ja	12 (40,0%)	1 (3,2%)	13 (21,3%)

Die drei depressiven Störungsformen „Unterschwellige depressive Episode" (subklinisch), „Depressive Episode oder rezidivierende depressive Episode" und „Dysthymie" waren zwischen den beiden Probandengruppen wie folgt verteilt (Tab. 20):

Tab. 20: Verteilung der depressiven Störungen

Depressive Störungen	Patholog. Internetnutzung	
	ja	nein
unterschwellige depressive Episode (subklinisch)	6 (20,0%)	1 (3,2%)
(rez.) depressive Episode	4 (13,3%)	-
Dysthymia	2 (6,7%)	-
Gesamt (N=61)	12 (40,0%)	1 (3,2%)

Die Diagnose (CIDI) wurde bezüglich des Schweregrades der Störung durch die ermittelten maximalen Summenwerte der Hamilton-Depressions-Skala (HAM-D, Hamilton (1986) bestätigt (Tab. 21).

Tab. 21: Maximale Hamilton-Depressions-Skalenwerte

Depressive Störungen	Patholog. Internetnutzung	
	ja	nein
unterschwellige depressive Episode (subklinisch)	12	4
(rez.) depressive Episode	14	-
Dysthymia	6	-

Substanzabhängigkeiten

In der Gruppe der pathologischen Internetnutzer wurden 10 Personen (33,3%) mit einer Substanzabhängigkeit gefunden, in der Gruppe der nicht-pathologischen Nutzer waren es 4 Personen (12,9%). Hierbei wurde gezählt, ob eine Diagnose mindestens einer Substanzabhängigkeit (z.B. Tabak) vorlag.
Es besteht jedoch kein signifikanter Unterschied zwischen der Diagnose von stofflichen Suchtformen (Tabak, Cannabis, Alkohol) zwischen den beiden Gruppen (χ^2 = 3,60; (df = 1, N = 61); p = .058 = Tendenz).

*Stoffliche und nicht-stoffliche Suchtformen bzw. Abhängigkeiten –
Angaben im Fragebogen zum Internetgebrauch und Spielsuchtfragebogen*

Es besteht ein Unterschied zwischen den beiden Probandengruppen bezüglich der im Fragebogen zum Internetgebrauch angegebenen Abhängigkeiten (Mehrfachnennungen zulässig). 20 von 30 Personen mit pathologischer Internetnutzung im Gegensatz zu 8 von 31 Personen (nicht-pathologische Nutzer) gaben zum Zeitpunkt der Befragung an, eine der in den Tabellen 22 und 23 angegebenen Abhängigkeiten (stofflich und nicht-stofflich) aufzuweisen.

Tab. 22: Häufigkeit der stofflichen Abhängigkeitsformen

		Internetnutzung	
		pathologisch	nicht-pathologisch
Alkohol	ja	-	2
	nein	30	29
Tabak	ja	9	7
	nein	21	24
Drogen	ja	-	1
	nein	30	30

Tab. 23: Häufigkeit der nicht-stofflichen Abhängigkeitsformen

		Internetnutzung	
		pathologisch	nicht-pathologisch
Path. Spielen	ja	12	1
	nein	18	30
Path. Einkaufen	ja	4	-
	nein	26	31

Dieser Zusammenhang kann jedoch nur teilweise bestätigt werden. Für den Gesamtwert aller Nennungen von Abhängigkeits- oder Suchtformen (stofflich und nicht-stofflich) ergibt sich ein hochsignifikanter Unterschied zwischen den beiden Probandengruppen ($\chi^2 = 10,25$; (df = 1, N = 61); p = .001). Bei den Vergleichen der einzelnen Suchtformen (Tab. 24 und 25) ergeben sich nur bei den zwei nicht-stofflichen Suchtformen Computerabhängigkeit ($\chi^2 = 12,30$; (df = 1, N = 61); p = .000) und Kaufsucht ($\chi^2 = 4,42$; (df = 1, N = 61); p = .035) signifikante Ergebnisse (Tab. 25).

Tab. 24: χ^2-Test zu stofflichen Abhängigkeitsformen
(Häufigkeitsvergleich)

	Chi-Quadrat-Test nach Pearson		
	χ^2	df	Sig. (2-seitig)
Alkoholabhängigkeit	2,00	1	.157
Tabakabhängigkeit	0,43	1	.510
Abhängigkeit von illegalen Drogen	0,98	1	.321

Tab. 25: χ^2-Test zu nicht-stofflichen Abhängigkeitsformen
(Häufigkeitsvergleich)

	Chi-Quadrat-Test nach Pearson		
	χ^2	df	Sig. (2-seitig)
Pathologisches Spielen (Computer)	12,30	1	.000
Pathologisches Einkaufen „ebay"	4,42	1	.035

Eine Bekräftigung der Annahme, die pathologische Internetnutzug weise eine gewisse Nähe zum pathologischen Spielen auf, kann darin gesehen werden, dass der Vergleich der beiden Probandengruppen ebenfalls einen hochsignifikanten Unterschied bezüglich der Angaben im modifizierten Glücksspielfragebogen (Gamblers Anonymous, 1980 bzw. Seemann et al., 2000; Tab. 26) ergab (T = 8,80 (df = 59) p = .000).

Tab. 26: Vergleich der beiden Gruppen - Glücksspielfragebogen

	N	M	sd
nicht-pathologisch	31	1,35	0,88
pathologisch	30	4,80	1,99

Zwangsstörung (CIDI und Y-Bocs)

Bei der Diagnose von Zwangsstörungen konnte durch das computergestützte Diagnoseprogramm CIDI nur eine Person mit dieser Störungsform gefunden werden. Die Untersuchung der Zusammenhänge der Zwangsstörung mit der pathologischen Internetnutzung wurde außerdem durch die Yale Brown Obsessive Compulsive Scale (Y-Bocs, Goodman et al. 1989, Büttner-Westphal & Hand, 1991) erweitert.

Im allgemeinen Teil der Y-Bocs zu bestehenden Zwangsgedanken (χ^2 = 12,01; (df = 1, N = 61); p = .001) und Zwangshandlungen (χ^2 = 7,94; (df = 1, N = 61); p = .005) konnten zwischen den beiden Probandengruppen signifikante Unterschiede gefunden werden (Tab. 27 und 28).

Tab. 27: Häufigkeitsvergleich Zwangsgedanken – allgemein (Y-Bocs)

Zwangsgedanken	Internetnutzung	
N = 61	pathologisch	nicht-pathologisch
Ja	20 (66,7%)	7 (22,6%)
Nein	10 (33,3%)	24 (77,4%)

Tab. 28: Häufigkeitsvergleich Zwangshandlungen – allgemein (Y-Bocs)

Zwangshandlungen	Internetnutzung	
N = 61	pathologisch	nicht-pathologisch
Ja	15 (50,0%)	5 (16,1%)
Nein	15 (50,0%)	26 (83,9%)

Zusammenfassend lässt sich feststellen, dass pathologische Internetnutzung nur in 3 von 30 Fällen ohne eine vorrangige psychische Störung in der Stichprobe auftritt. Die Häufigkeit einer vorhandenen CIDI-Diagnosen unterscheidet sich bei der Gruppe der pathologischen Internetnutzer signifikant von der Vergleichs- bzw. Kontrollgruppe der nicht-pathologischen Nutzer. Dies gilt auch im einzelnen für die Störungen „Angststörung" und „depressive Störung". Für die Substanzabhängigkeiten ist der Unterschied als Trend (.058) zu bezeichnen.

3.3 Pathologische Internetnutzung - Lebensorientierung und Anomie

Fragebogen zur Lebensorientierung (LO)

Im Folgenden wird der Unterschied zwischen den beiden Probandengruppen (mit bzw. ohne pathologische Internetnutzung) bezüglich der Lebensorientierung oder der sozialen Integration (Anomie) dargestellt.

Im Zusammenhang mit Lebensorientierung und psychischer Gesundheit wird zuerst überprüft, ob ein höherer Wert in der Summe des Fragebogens zur Lebensorientierung mit psychischer Gesundheit einhergeht. Die bedeutet je mehr Diagnosen (CIDI) eine Person aufweist, desto kleiner müsste der Summenwert des Fragebogens zur Lebensorientierung sein (gerichtet, also einseitig zu überprüfen). Diese Annahme kann sowohl in der Gesamtgruppe, als auch in der Probandengruppe mit pathologischer Internetnutzung bestätigt werden (Tab. 29).

Tab.29: Korrelation – CIDI-Diagnosen mit LO-Summenwert

CIDI- Diagnosen		Korrelation mit LO-Summenwert
gesamt	Spearman	-.45
	Signifikanz (1-seitig)	.000
	N	61
nicht-pathologisch	Spearman	-.11
	Signifikanz (1-seitig)	.270
	N	31
pathologisch	Spearman	-.52
	Signifikanz (1-seitig)	.002
	N	30

Wegen der zu klein werdenden Teilstichproben ist eine weitere Aufteilung in die zwei Altersgruppen nicht mehr sinnvoll.

Zwischen der Gruppe der „Nicht-pathologischen" (N = 31; M = 65,23; sd = 10,89) und der Gruppe der als „pathologisch" eingestuften Probanden (N = 30; M = 57,00; sd = 10,19) ergibt sich bei einem T-Test ein hochsignifikanter Unterschied (T = 3,05; df = 59) p = .003) bezüglich der Summenwerte des Fragebogens zur Lebensorientierung.
Die Auswertung des Summenwerts des Fragebogens zur Lebensorientierung wird in Anlehnung an die in Schweden gefundenen Soll-Mittelwerte (15-29 Jahre, M = 62,74; 30-49 Jahre M = 64,98) für zwei Altersgruppen (Larsson & Kallenberg, 1996). Die hierzu errechneten Ergebnisse werden ebenfalls eingeteilt in zwei Altersgruppen (bis 29 und ab 30 Jahre) angegeben (Abb. 14).

Zwischen der Gruppe der bis 29jährigen, „nicht-pathologischen" (N = 23; M = 65,26; sd = 11,10) und der Gruppe der als „pathologisch" eingestuften Probanden (N = 19; M = 57,53; sd = 10,30) ergibt sich bei einem T-Test ein signifikanter Unterschied (T = 2,32;

(df = 40) p = .025) bezüglich der Summenwerte des Fragebogens zur Lebensorientierung (Abb. 14).

Zwischen der Gruppe der ab 30jährigen, „Nicht-pathologischen" (N = 8; M = 65,13; sd = 11,00) und der Gruppe der „Pathologischen" (N = 11; M = 56,09; sd = 10,43) kann kein signifikanter Unterschied (T = 1,82; (df = 17) p = .086) bezüglich der Summenwerte des Fragebogens zur Lebensorientierung festgestellt werden (Abb.14).

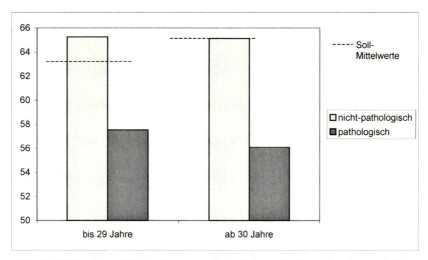

Abb. 14: Mittelwertsvergleich der Summenwerte des Lebensorientierungfragebogens in Bezug zum jeweiligen Soll-Mittelwert

Hier wird deutlich, dass einerseits die Vergleichs- bzw. Kontrollgruppe der nicht-pathologischen Probanden in beiden Altersgruppen über dem vorgegebenen Mittelwert und andererseits die Probanden mit pathologischer Internetnutzung in beiden Altersgruppen unter dem Soll-Mittelwert von Larsson & Kallenberg (1996) liegen (Abb. 14). Dieser Unterschied ist jedoch in der zweiten Altersgruppe nicht signifikant, wobei hier die kleinere Stichprobengröße beachtet werden muss.

Auch hier wird der Zusammenhang des Summenwertes des Fragebogens zur Lebensorientierung mit der Diagnose einer psychischen Störung abgeklärt. An dieser Stelle soll dies beispielhaft an der Diagnose einer depressiven Störung untersucht werden: Aus diesem Grund wird die Gruppe der „Depressiven" der Gruppe der „Nicht-depressiven" gegenübergestellt. Die jeweiligen Summenwerte des Fragebogens zur Lebensorientierung wurden auf die Unterschiede zwischen den beiden Gruppen „nicht-depressiv" (N = 48; M = 63,29; sd = 10,98) vs. „depressiv" (N = 13; M = 53,38; sd = 8,78) hin untersucht. Der dazu erstellte T-Test ist ebenfalls hochsignifikant (T = 3,00; (df = 59) p = .004).
Zur Überprüfung der Ergebnisse wurde die Gruppe der „Nicht-depressiven" getrennt in „nicht-pathologisch" (N = 30; M = 65,33; sd = 11,06) und „pathologisch" (N = 18; M = 59,89; sd = 10,26) untersucht. Der T-Test ist hier nicht signifikant (T = 1,70; (df = 46) p = .097).

Zwischen der Gruppe (nicht-depressiv) der bis 29jährigen, „Nicht-pathologischen" (N = 22; M = 65,41; sd = 11,33) und der Gruppe der als „pathologisch" eingestuften Probanden (N = 11; M = 61,09; sd = 8,67) ergibt sich bei einem T-Test ebenfalls kein signifikanter Unterschied (T = 1,11; (df = 31) p = .276) bezüglich der Summenwerte des Fragebogens zur Lebensorientierung.

Zwischen der Gruppe (nicht-depressiv) der ab 30jährigen, „Nicht- pathologischen" (N = 8; M = 65,13; sd = 11,00) und der Gruppe der „Pathologischen" (N = 7; M = 58,00; sd = 12,90) kann, wie erwartet ebenfalls kein signifikanter Unterschied (T = 1,16; (df = 13) p = .269) bezüglich der Summenwerte des Fragebogens zur Lebensorientierung festgestellt werden.

Anomie-Skala

Bei einem hohen Summenwert auf der Anomie-Skala (max. 12 Punkte) ist von einer starken Verunsicherung im sozialen, gesellschaftlichen Leben (Anomie) auszugehen. Zur Überprüfung des Zusammenhangs der Anomie-Skalen-Werte mit der pathologischen Internetnutzung wurde folgendes festgestellt:

Zwischen der Gruppe der als „pathologisch" eingestuften Personen (N = 30; M = 5,97; sd = 3,64) und der Probandengruppe der „Nicht-pathologischen" (N = 31; M = 3,81; sd = 3,06) ist ein signifikanter Unterschied bei den Summenwerten der Anomie-Skala feststellbar (T = 2,51; (df = 59) p = .015).

Es wird außerdem auch hier der Zusammenhang des Summenwertes des Fragebogens zur Lebensorientierung mit der Diagnose einer psychischen Störung abgeklärt. Dies soll an dieser Stelle wiederum beispielhaft an der Diagnose einer depressiven Störung untersucht werden.

Zur Überprüfung wird die Gruppe der „Nicht-depressiven" getrennt in „pathologisch" (N = 18; M = 5,78; sd = 4,15) und „nicht-pathologisch" (N = 30; M = 3,80; sd = 3,11) untersucht. Der T-Test war hier, wie erwartet, nicht signifikant (T = 1,88; (df = 46) p = .067).

Der Vergleich der Anomie-Skalen-Wert der Probanden mit pathologischer Internetnutzung mit den Werten der Vergleichs- bzw. Kontrollgruppe zeigt einen signifikanten Unterschied. Jedoch gibt es keinen signifikanten Unterschied beim Vergleich der beiden Probandengruppen, wenn man die Diagnose einer psychischen, hier depressiven Störung berücksichtigt.

Diese Ergebnisse lassen den Schluss zu, dass sowohl der Unterschied in den Summenwerten des Fragebogens zur Lebensorientierung, als auch der Unterschied in den Anomie-Skalen-Werten nicht in direktem Zusammenhang mit pathologischer oder nicht-pathologischer Internetnutzung steht.

3.4 Angaben (Selbstauskunft) und Testergebnisse der Probanden mit pathologischer Internetnutzung ohne CIDI-Diagnose

In der vorliegenden Untersuchung wurden bei drei Probanden mit pathologischer Internetnutzung keine vorrangige psychische Achse-I-Störung (CIDI-Diagnose) gestellt.

Tab.30: Internetfragebogen – Gegenüberstellung der drei Probanden

Fragen zur Nutzung	Proband 1	Proband 2	Proband 3
Dauer der Internetnutzung in Jahren	8 Jahre	4 Jahre	7 Jahre
Online-Stunden pro Woche – privat	30 Std./Wo.	15 Std./Wo.	35 Std./Wo.
Information über das Internet Std./Wo.	15 Std./Wo.	-	4 Std./Wo.
Kontakt mit Freunden – Std./Wo.	40 Std./Wo.	20 Std./Wo.	20 Std./Wo.
Anwendungen			
Email	+	+	+
Chat	+	+	-
Surfen	+	+	+
Infos suchen	+	+	+
Download	+	-	+
Das Schönste am Internet	unbegrenzte Information	chatten	download und Infos
Anonymität im Netz	egal	angenehm	angenehm
Psychische Befriedigung	-	+	+
Angstreduktion/Stimmungsaufhellung	+	-	-
Fühlt sich süchtig	-	-	+
Leidensdruck	+	+	-
Körperliche Beschwerden	+	-	+
Online-Beziehungen wichtiger als reale	+	-	-

Proband 1

Der erste Proband ist 21 Jahre alt, hat Abitur, ist derzeit Student und nutzt das Internet seit 8 Jahren. Er hat zur Zeit keine Partnerschaft, seine frühere Partnerin beschwerte sich jedoch über seinen exzessiven Internetgebrauch ebenso werden seine Studienleistungen beeinträchtigt. Er nutzt viele Anwendungen des Internet (Tab. 30) und empfindet die unbegrenzte Information als das Schönste am Netz. Die Anonymität beim Kontakt im Internet ist ihm egal und er bewertet Online-Beziehungen (Freundschaften) für sich wichtiger als reale Beziehungen. Im Gegensatz zu den beiden anderen Probanden nutzt er das Netz zur Angstreduktion und Stimmungsaufhellung.
Er fühlt sich nicht süchtig, leidet jedoch wegen seiner pathologischen Internetnutzung unter starken Kopfschmerzen und Sehstörungen, was er selbst durch die langen Online-

Zeiten pro Woche erklärt (ca. 30 Std./Wo.). Zusätzlich dazu verbringt er 15 Stunden in der Woche mit dem Durchsehen von Informationsmaterial über das Internet (offline). Er sagt einerseits aus, 40 Stunden in der Woche mit Freunden in direktem Kontakt zu verbringen, obwohl er andererseits angibt, sich sozial isoliert zu haben, weil er den Großteil seiner Zeit im Internet verbringt (siehe auch modifizierter GA-Fragebogen-Werte; Tab. 31). Der Proband gibt weiterhin an, abhängig von Computer-Spielen zu sein und ein süchtiges Kaufverhalten (ebay-Auktionen) zu haben. Hierbei handelt es sich nach Young (1998b) in beiden Fällen um eine Unterform der pathologischen Internetnutzung.
Abgesehen von seinem problematischen Internetverhalten ist er zufrieden mit sich und seinem Leben und im allgemeinen der Zukunft gegenüber optimistisch eingestellt. Diese Angaben spiegeln zwar den für diese Altersgruppe hohen Wert von 72 (Durchschnitt 62,74) wider, sie decken sich jedoch nicht mit dem hohen Anomie-Wert der sozialen Verunsicherung von 7 Punkten (bei insgesamt 12 erreichbaren). Es wurde kein Verdacht auf mögliche Persönlichkeitsstörungen durch das Screeningverfahren festgestellt.
Er ist außerdem ein engagierter Sportler und zeigt diesbezüglich ein bereits auffälliges, jedoch noch nicht klinisch relevantes stark reduziertes Essverhalten. Er hat in seinem Leben seit seiner Kindheit, mit Ausnahme des letzen Jahres, immer wieder (unterschwellige) depressive Episoden (CIDI-Diagnose) durchlitten und leidet an Ein- und Durchschlafstörungen. Momentan geht es ihm, laut eigener Aussage relativ gut; abgesehen von seiner pathologischen Internetnutzung.

Proband 2

Der zweite Proband ist 22 Jahre alt, hat Abitur, ist derzeit Student und nutzt das Internet seit 4 Jahren. Er schätzt sich selbst nicht süchtig ein, leidet aber stark unter seiner pathologischen Internetnutzung, obwohl er gegenüber den beiden anderen Probanden die geringste wöchentliche Online-Zeit aufweist (15 Std./Wo.). Körperliche Beschwerden gibt er erwartungsgemäß nicht an. Er nutzt viele Anwendungen des Internet und empfindet die Kommunikation durch Chatten als das Schönste am Netz. Die Anonymität beim Kontakt im Internet ist ihm angenehm und er nutzt das Netz zu seiner psychischen Befriedigung (siehe auch modifizierter GA-Fragebogen-Werte; Tab. 31). Im Gegensatz zu Proband (1) stuft er jedoch Online-Beziehungen (Freundschaften) nicht wichtiger ein als reale Beziehungen. Er verbringt 20 Stunden pro Woche mit seinen (realen) Freunden, obwohl er sich seinen Aussagen nach durch seinen exzessiven Internetgebrauch isoliert hat.
Er lebt derzeit alleine und ist zur Zeit unzufrieden mit dem Leben, andererseits aber im allgemeinen optimistisch, was die Zukunft betrifft. Diese Angaben spiegeln die erreichten Werte in der Skala zur Lebensorientierung (63 Punkte) und Anomie-Skala (3 Punkte) wider.
Der Proband ist ebenfalls ein engagierter Sportler und zeigt diesbezüglich ein bereits auffälliges, jedoch noch nicht klinisch relevantes stark reduziertes Essverhalten. Im Screeningverfahren des IPDE für Persönlichkeitsstörungen weist er positive Wertungen für einen Verdacht auf paranoide und anankastische Persönlichkeit auf.

Proband 3

Der dritte Proband ist 28 Jahre alt, hat Abitur mit einer abgeschlossenen Berufsausbildung und ist derzeit Student. Das Internet nutzt er seit 7 Jahren und ist 35 Stunden pro Woche online. Zusätzlich dazu verbringt er 4 Stunden in der Woche mit dem Sammeln von Informationen zum Internet. Er nutzt viele Anwendungen des Internet und schätzt Downloads und Informationsfülle im Internet am Schönsten ein. Anonymität bei der Kommunikation im Internet ist ihm angenehm, obwohl er realen Beziehungen mehr Bedeutung beimisst. Er zieht aus der Nutzung des Internet psychische Befriedigung. Bezogen auf seinen pathologischen Internetgebrauch habe er Beschwerden von Seiten der Dozenten in seinem Studiengang und an seinem Arbeitsplatz bekommen. Der Proband stuft sich selbst als süchtig ein und leidet unter Rückenschmerzen. Er verheimlicht das Ausmaß seines Internetgebrauchs besonders vor seiner Partnerin (siehe auch modifizierter GA-Fragebogen-Werte; Tab. 31).

Er lebt mit einer festen Partnerin zusammen und gibt an, im großen und ganzen mit sich und dem Leben unzufrieden sowie für die Zukunft pessimistisch eingestellt zu sein. Die letzten Angaben spiegeln die erreichten Werte sowohl im Fragebogen zu Lebensorientierung (59 Punkte), als auch in der Anomie-Skala (7 Punkte) wider.

Es wurde kein Verdacht auf mögliche Persönlichkeitsstörungen durch das Screeningverfahren festgestellt.

Tab.31: **Fragebogen- und Testergebnisse – Gegenüberstellung der drei Probanden**

Fragebogen / Test	Proband 1	Proband 2	Proband 3	Werte
Glücksspielfragebogen (GA)	5	4	4	max. 10
Y-Bocs – allgemein (andere Zwänge)	1	-	-	-
Lebensorientierung (SOC)	72	63	59	M = 62,74
Soziales Leben (Anomie)	7	3	7	max. 12
Persönlichkeitsstörungen (Screening)	-	2	-	-

Alle drei männlichen Probanden sind Studenten im Alter von 21, 22 und 28 Jahren. Zwei dieser drei Männer leben zur Zeit alleine; der 28jährige hat eine feste Partnerin.

Der jüngste Proband unterscheidet sich von den beiden anderen insbesondere durch seine bis vor einem Jahr im wiederkehrenden (unterschwelligen) depressiven Episoden in seinem Leben, die auf eine erhöhte psychische Belastung hinweisen, auch wenn derzeit keine Diagnose gestellt werden kann. Daher ist er nicht ohne weiteres der Gruppe der pathologischen Internetnutzer ohne vorrangige psychische Störung zuzuordnen.

Bei den Probanden 2 und 3 können solche Beeinträchtigungen oder Vulnerabilitäten nicht gefunden werden.

4. DISKUSSION

Um die Bedeutung der vorliegenden Ergebnisse für die Gesamtforschung zum Thema „Pathologische Internetnutzung" einordnen zu können, sollen die verschiedenen Teilergebnisse der Untersuchung (Kapitel 3) zueinander bzw. zu anderen Ergebnissen aus dem Forschungsgebiet (Kapitel 1) in Beziehung gebracht werden.

4.1 Gegenüberstellung der beiden Probandengruppen

Die Gegenüberstellung der beiden Probandengruppen ergab interessante Gesichtspunkte. In der vorliegenden Stichprobe (N=61) waren junge Erwachsene anteilsmäßig häufiger vertreten, was die Ergebnisse anderer repräsentativer Online-Studien widerspiegelt (Kandell, 1998; Lin & Tsai, 2002; Morahan-Martin, 2001; Niesing, 2000). Junge Menschen scheinen, wie bei vielen anderen exzessiven Verhaltensweisen in Bezug auf neue Medien, zum Beispiel der Mobiltelefonnutzung, stärker betroffen zu sein.

Dauer der Internetnutzung

In der vorliegenden Untersuchung konnte festgestellt werden, dass entgegen der Annahme von Grohol (1999a) die Gesamtdauer seit Beginn der Internetnutzung keine Aussage über die Auftrittswahrscheinlichkeit pathologischer Internetnutzung zulässt. Es sind sowohl zu Beginn der Internetnutzung, ab etwa einem Jahr, als auch bei längeren Nutzungszeiten von über acht Jahren nicht-pathologische Viel-Nutzer und pathologische Internetnutzer zu finden. Ebenso konnte die Hypothese Grohols (1999a), dass nur Neueinsteiger besonders lange Online-Zeiten aufweisen und diese Online-Zeiten mit der Dauer der Anwendung zurückgehen, nicht bestätigt werden. Ob eine pathologische Internetnutzung vorliegt, geht also nicht aus der Dauer der Internetnutzung seit dem Ersteinstieg hervor. Auch darf die pathologische Internetnutzung nicht mit der anfänglichen Begeisterung für das neue Medium verwechselt werden, mit der sicherlich längere Online-Zeiten pro Woche einhergehen (vgl. Kapitel 1.2.2.1).

Private Online-Zeit pro Woche

In der vorliegenden Stichprobe wurde eine durchschnittliche private Online-Zeit von 31,6 Stunden pro Woche ermittelt. Derart lange Online-Zeiten pro Woche bei den pathologischen Nutzern wurden ebenfalls in einigen anderen Untersuchungen festgestellt (vgl. Kapitel 1). In Tabelle 32 wird die Stundenzahl der vorliegenden Stichprobe pathologischer Internetnutzer mit anderen Studien verglichen.

Tab. 32: Durchschnittliche Online-Stunden pro Woche bei pathologischer Internetnutzung

Jahr der Studie	Autoren	Durchschnittliche Online-Stunden pro Woche
1999	Black et al.	27,0
2000	Seemann et al.	20,9
2000	Shapira et al.	27,9
2001	Hahn & Jerusalem	34,6
2005	Kratzer	31,6
2004	Rittakerttu et al.	18,9

Eine hohe Zahl an Online-Stunden ist nur durch einen sozialen Rückzug möglich und könnte daher als Indiz für eine mögliche pathologische Nutzung gesehen werden. Für den individuell empfundenen Leidensdruck bzw. das Gefühl abhängig von den virtuellen Kontakten oder der Internutzung an sich zu sein, ist die Anzahl der verbrachten Stunden im Netz jedoch irrelevant.

Es stellt sich somit die Frage, was für eine besondere Funktion die Internetnutzung in diesem exzessiven Ausmaß hat.

Bevorzugte Anwendungen

Die bevorzugten Anwendungen der jeweiligen Probandengruppe sind hinsichtlich der Frage nach der Funktion der Internetnutzung besonders aufschlussreich. Abgesehen von dem, von beiden Gruppen fast in gleichem Umfang genutzten „mailen" ist der deutlichste Unterschied zwischen den untersuchten Probandengruppen bei der Kommunikation zu finden (nicht-pathologische Nutzung, 45,2% gegenüber pathologische Nutzung, 70,0%). Diese Ergebnisse bestätigen die Zahlen der Online-Studie von ARD/ZDF (van Eimeren, 2002). Die pathologische Internetnutzung findet hier bei der virtuellen, meist anonymen Kommunikation in Chatrooms statt. Im Gegensatz zur virtuellen Kommunikation ist der persönliche Kontakt mit Freunden und Bekannten bei den Probanden mit pathologischer Internetnutzung um etwa fünf Stunden geringer als bei der Vergleichs- bzw. Kontrollgruppe. Abgesehen davon, dass hierbei zwischen allein lebenden und in Partnerschaft lebenden Personen unterschieden werden muss, scheint bei der pathologischen Internetnutzung die virtuelle Kommunikation dem realen Kontakt zu anderen vorgezogen zu werden. Interessant wären hier Untersuchungen, die sich mit den Beweggründen dieser Bevorzugung des „Virtuellen" beschäftigen.

Einige Studien berichten über einen großen Prozentsatz von allein lebenden Personen, die eine pathologische Internetnutzung aufweisen (Bai et al., 2001; Hahn & Jerusalem, 2001a), dies konnte jedoch in der vorliegenden Untersuchung nicht bestätigt werden: 60,0% der „pathologischen" Nutzer leben mit einem festen Partner (Gruppe der Viel-Nutzer: 53,3%). Trotz der überwiegend in Partnerschaft lebenden Probanden fanden sich in der vorliegenden Untersuchung die oben diskutierten Bevorzugungen des virtuellen

Kontakts bei der Gruppe mit pathologischer Internetnutzung. Die Unzufriedenheit in der Partnerschaft bezüglich der emotionalen oder körperlichen Nähe könnte eine Ursache hierfür darstellen, die dem realen Partner gegenüber aus Gründen der Konfliktvermeidung verschwiegen wird. Der Aufbau bzw. die Bevorzugung von virtuellen Kontakten und Beziehungen kann hierbei wiederum als Ausweichverhalten gesehen werden.

Ein Vorteil des virtuellen Kontaktes sehen einige Autoren wie beispielsweise Turkle (1999) darin, dass man die positiven Seiten der freundschaftlichen Unterstützung erhält, ohne den Verpflichtungen bei realen Freundschaften nachkommen zu müssen (vgl. Greenfield, 2000; Shaffer et al. 2000; Whang et al., 2003).

Bei Personen mit guter Sozialkompetenz und ohne Rückzugsverhalten stellen virtuelle Beziehungen und Kontakte demgegenüber eine Bereicherung des Freundeskreises und eine Erweiterung der sozialen Unterstützung dar (vgl. Shaw et al. 2002).

Begleiterscheinungen

Zur weiteren Ausdifferenzierung des Phänomens „pathologische Internetnutzung" dienen die negativen Begleiterscheinungen wie körperliche und seelische Beschwerden sowie Entzugserscheinungen, wenn die Personen nicht online sein können. Wie gezeigt werden konnte, steigt die Anzahl der Nennungen negativer Begleiterscheinungen mit der privat im Netz verbrachten Zeit pro Woche. Ähnlich verhält es sich mit den Folgeproblemen der pathologischen Internetnutzung. Während bei der pathologischen Internetnutzung nur 30% der Probandengruppe keine Probleme mit Familie/Partner, Arbeitsplatz oder Schule/Ausbildung/Studium hatten, gaben 53,3% an, mindestens in einem dieser Bereiche Schwierigkeiten wegen ihres exzessiven Internetgebrauches bekommen zu haben. Dagegen wurden bei der Gruppe der nicht-pathologischen Viel-Nutzer keine (83,9%) bzw. maximal eines (16,1%) der möglichen Folgeprobleme berichtet.

Diese Ergebnisse zeigen deutlich, dass den Personen mit pathologischer Internetnutzung die negativen Begleiterscheinungen und möglichen Folgeprobleme in ihrem Umfeld durchaus bewusst sind. Trotz ihres hohen Leidensdrucks scheinen sie jedoch nicht in der Lage zu sein, ihren pathologischen Internetgebrauch zu reduzieren.

Persönlichkeitsstörungen - Screening

In der vorliegenden Arbeit konnte der Frage nach einem möglichen Zusammenhang zwischen der pathologischen Internetnutzung und einer vorliegenden Persönlichkeitsstörung nicht in vollem Umfang nachgegangen werden. Zur Diagnose einer Persönlichkeitsstörung muss der Arzt, Therapeut bzw. Interviewer die Person schon einige Monate betreuen und seine bzw. die Beurteilung dritter, wie beispielsweise Verwandter, einholen. Diesem bedeutenden Kriterium der Diagnostik im Sinne einer eingehenden Anamnese konnte hier nicht entsprochen werden.

Dennoch konnte mit Hilfe des IPDE-Screeningverfahrens für Persönlichkeitsstörungen ein erstes Bild gezeichnet werden. Auch bei der sehr strengen Auswertung der Screeningbögen konnte ein Unterschied in der Häufigkeit des Auftretens von möglichen Persönlichkeitsstörungen bei den beiden Probandengruppen (pathologisch 33 vs. nicht-pathologisch 12) gefunden werden. Wenngleich dies auch keiner Diagnosestellung gleichkommt, ist der Unterschied der beiden Probandengruppen doch zumindest für einige der möglichen Persönlichkeitsstörungen (z.B. paranoid, impulsiv) signifikant (vgl. Kapitel 3.1). Hier wäre eine weitere Studie im klinisch-therapeutischen Bereich interessant, bei der wegen pathologischer Internetnutzung vorstellig gewordene Patienten über einen längeren Zeitraum zeitgleich mit ihrer Behandlung auf vorhandene Persönlichkeitsstörungen hin untersucht werden sollten.

4.2 Psychische Störungen (CIDI-Diagnosen)

In der vorliegenden Arbeit konnte festgestellt werden, dass ein gehäuftes Auftreten von CIDI-Diagnosen (79,4%) bei der Gruppe der Probanden mit pathologischer Internetnutzung vorliegt. Dies gilt zum einen für stoffliche Abhängigkeits- und Suchtformen (10 von 30 = 33,3%) und andere abhängigkeitsähnliche Verhaltensweisen (pathologisches Computerspielen, pathologisches Kaufverhalten). Zwei als pathologischer Nutzer eingestufte Personen gaben außerdem an, nach dem Besuch von Erotik- oder Sexseiten süchtig zu sein (vgl. Young et al., 1999). Zum anderen gilt dies für Angststörungen (ohne Zwangsstörung: 13 von 30 = 43,3%) und depressive Störungen (12 von 30 = 40,0%). Sie bekräftigen damit Shapira (2000, 2003), Black et al. (1999) sowie Orzack & Orzack (1999), die ebenfalls einen Zusammenhang zwischen pathologischer Internetnutzung und bestehenden psychischen Störungen dokumentierten.

Ein weiteres Argument für die Annahme, dass die pathologische Internetnutzung eine Begleiterscheinung psychischer Störungen ist, kann auch in einer Gegenüberstellung der Ergebnisse der beiden Probandengruppen mit den allgemeinen Prävalenzen in den psychischen Störungen gesehen werden.
Die 12-Monats-Prävalenz in der Bevölkerung (18-59 Jahre) für Substanzabhängigkeiten wurden von der Bundesstudie 2002 bzw. 2003 für Alkohol- mit 2,4%, Tabak- mit 34% und Cannabisabhängigkeit mit 0,3-0,4% angegeben (Kraus & Augustin, 2004). Für die unterschwellige depressive Störung liegen Zahlen der WHO vor, die weltweit eine Prävalenz von bis zu 32% angeben. Wittchen et al. (1999, 2000) konnten in einer repräsentativen Studie zeigen, dass innerhalb der Bevölkerung Deutschlands (18-65 Jahre) in den vier Wochen vor der Untersuchung 8,3% an einer depressiven Episode, 2,5% an Dysthymie und 9% an einer Angststörung (alle Formen) litten. Das Jahrbuch der deutschen Hauptstelle für Sucht (DHS, 2004) gibt für das pathologische Spielen eine Prävalenz von 0,1-0,2% in der Bevölkerung (18-59 Jahre) an.

Die Diagnose einer Angststörung liegt, trotz der niedrigen Stichprobenzahl, in der Gruppe der pathologischen Internetnutzer prozentual deutlich höher als in der allgemeinen Bevölkerung. Bei den depressiven Störungen sowie den Substanzabhängigkeiten kann dieser deutliche Unterschied nicht festgestellt werden.
Die Viel-Nutzer können im Unterschied zu den pathologische Nutzern offensichtlich nicht nur adäquat mit dem Internet umgehen, sondern liegen mit nur einer Diagnose einer affektiven Störungen deutlich unter den Prävalenzzahlen in der allgemeinen Bevölkerung.

Das Zusammenwirken mehrerer Abhängigkeitsformen (stoffliche oder und nicht-stoffliche) zum „Teufelskreis" von maladaptiven Verhaltensweisen der Vermeidung oder inadäquaten Verarbeitung von psychischen und/oder sozialen Problemen einer Person und der Aufrechterhaltung von pathologischer Internetnutzung erhält durch die vorliegenden Ergebnisse weitere Evidenz.

Dies gilt ebenso für den Zusammenhang von pathologischer Internetnutzung als der Vermeidung bzw. Verringerung von Angstzuständen. Die Ergebnisse der vorliegenden Untersuchung bekräftigen die Annahme, dass besonders ängstliche Menschen dazu neigen, ihr Defizit an Kontakt und Kommunikation virtuell im Netz auszugleichen.

Hingegen konnten sich keine Ergebnisse finden, welche die Annahme einiger Forscher (vgl. Kraut et al., 1998; Young, 1999) bekräftigen würden, dass man zwangsläufig depressiv ist oder wird, wenn man einen pathologischen Internetgebrauch aufweist.

Die pathologische Internetnutzung wird unter anderem zur Angstvermeidung bzw. Angstverminderung und Stimmungsaufhellung und/oder zur Ablenkung und Flucht vor realen Problemen verwendet, wie auch Greenfield (2000), Hahn und Jerusalem (2001a) und Caplan (2003) bereits dokumentierten. Durch die langen Online-Zeiten, die meistens mit virtueller Kommunikation in der Anonymität verbracht werden, entstehen den betroffenen Personen durch Vernachlässigung realer Kontakte und/oder Pflichten weitere Folgeprobleme mit ihrem Umfeld. In der Familie, mit dem Partner oder am Arbeitsplatz bzw. im Studium. Diese zusätzlichen Probleme erhöhen nochmals das Bedürfnis online zu gehen und es entsteht ein Teufelskreis wie er auch bei anderen abhängigen Verhaltensweisen vorkommt (vgl. Meyer & Bachmann, 2000; Davis, 2001). Morahan-Martin (2001, p. 204) sieht eine mögliche Ursache für die Aufrechterhaltung im scheinbaren Wiedererlangen von Kontrolle: "The ability to control their environment may be particularly attractive to people who do not have control in the their everyday life".

Dieser Teufelskreis erklärt die phänomenologische Ähnlichkeit der pathologischen Internetnutzung mit den psychischen und physischen Abhängigkeitsformen und wird von den Betroffenen oft als Zwang erlebt, dem sie wenig Widerstand entgegensetzen können (siehe Ergebnisse der Y-Bocs, Kapitel 3, S. 83). Dennoch bildet die pathologische Internetnutzung in der vorliegenden Studie vorwiegend keine eigenständige Abhängigkeitsform oder ein eigenständiges Störungsbild.

Weiterführende Forschungen mit einer repräsentativen Stichprobe wären erforderlich, um die in der vorliegenden Pilotstudie gefundenen Ergebnisse erhärten zu können.

Zusammenfassend ist es dennoch wichtig mit Shapira (zitiert nach Ross, 2000) festzustellen, dass es sich auch bei den hier untersuchten Personen nicht um das Stereotyp von Patienten handelt, die seltsam und verwirrt erscheinen, sondern um intelligente, freundliche und sympathische Menschen, von denen der größte Teil einer Arbeit oder einem Studium nachgeht.

4.3 Pathologische Internetnutzung - Lebensorientierung und Anomie

In dieser Studie konnte gezeigt werden, dass sich bei Personen, die eine bzw. mehrere psychische Störungen (z.B. Substanzabhängigkeit und Angststörung) aufweisen, niedrigere Werte in der Skala der positiven Lebensorientierung (SOC bzw. LO) zeigen (vgl. Kapitel 3, S. 84f). Des Weiteren wurde aufgezeigt, dass niedrigere Werte, bezogen auf die festgelegten Soll-Mittelwerte der beiden Altersgruppen und im Mittelwert-Vergleich insgesamt nicht von einer pathologischen Internetnutzung herrühren. Der Unterschied in den Mittelwerten der beiden Probandengruppen (pathologische und nicht-pathologische Internetnutzung) ergibt sich aus der Diagnose einer bestehenden psychischen Störung, wie anhand der depressiven Störungen gezeigt wurde (vgl. Kapitel 3, S. 86).

Dieses Ergebnis legt den Schluss nahe, dass die pathologische Internetnutzung keinen erkennbaren Einfluss auf die Lebensorientierung hat. Einen weiteren Beleg dafür stellen die höheren Anomiewerte (Verunsicherung im sozialen Leben innerhalb der Gesellschaft) der Personen mit einer Diagnose aus der Kategorie der Angststörungen oder depressiven Störungen dar (vgl. Kapitel 3, S. 87).

Dies alles spricht für die Annahme, dass es sich bei der pathologischen Internetnutzung vorwiegend um eine Begleiterscheinung vorhandener psychischer Störungen handelt.

4.4 Angaben (Selbstauskunft) und Testergebnisse der Probanden mit pathologischer Internetnutzung ohne CIDI-Diagnose

Es konnten nur drei männliche Probanden innerhalb der 30 Personen der Gruppen mit pathologischer Internetnutzung gefunden werden, bei denen derzeit keine psychische Störung diagnostizierbar ist.
Jedoch leidet eine der drei Personen (Proband 1) seit seiner Kindheit an einer immer wiederkehrenden unterschwelligen depressiven Störung. Innerhalb der letzten 12 Monate zum Zeitpunkt der Untersuchung war dieser Mann, laut eigener Aussage, symptomfrei. Die pathologische Internetnutzung ist hier ein Ausweich- oder Kompensationsverhalten, zur Angstreduktion und Stimmungsaufhellung. Außerdem widersprechen sich bei diesem Probanden die Angaben über seine Online-Stunden (30 Stunden plus 15 Stunden Informationssuche über das Internet pro Woche) mit den Angaben zum Kontakt mit Freunden (40 Stunden pro Woche). Verständlich wird diese Diskrepanz erst durch die Bemerkung des Probanden, dass für ihn Online-Beziehungen bzw. Freundschaften gleich, wenn nicht höherwertig sind als reale Beziehungen. Deshalb zählt er auch die Stunden der virtuellen Kontakte pro Woche zu Freunden den realen Kontaktzeiten hinzu.
Dieser Proband ist ein Beispiel für die Internetnutzer, welche das Netz nach eigenen Aussagen nutzen, um sich „besser zu fühlen" und um depressive Stimmungen zu lindern. Damit einher geht die Vorliebe online zu gehen, statt im realen Leben mit Menschen zusammen zu sein. Der kompensatorische Internetgebrauch nimmt in dem Maße zu, in dem sich die Person einsam und depressiv fühlt. Die vermehrte Zeit im Netz wiederum führt zu erhöhter Einsamkeit und depressiven Verstimmungen, was wiederum zu noch mehr Online-Zeit führt. Aussagen von Therapeuten und Personen, die sich selbst als pathologische Internetnutzer bezeichnen, bestätigen diese Interpretation.

Die beiden anderen Probanden (2 und 3) unterscheiden sich stark in den angegebenen Online-Zeiten (15 vs. 35 Stunden pro Woche). Hierbei ist erkennbar, dass die im Netz verbrachte Zeit nicht ausschlaggebend für den individuell empfundenen Leidensdruck der Betroffenen ist.
Ansonsten konnten bei diesen beiden Probanden keine gravierenden psychischen Belastungen gefunden werden, die deren pathologische Internetnutzung ausreichend erklären könnten. Hier müssten weitere Befragungen zu eventuell bestehenden sozialen oder persönlichen Problematiken im Leben, wie ein nicht ausreichendes Interesse am Studium oder Partnerschaftsprobleme, durchgeführt werden, um zu untersuchen, ob es sich bei der pathologischen Nutzung hier eventuell um ein pathologisches Ausweichverhalten handelt.

5. ZUSAMMENFASSUNG UND AUSBLICK

In den Jahren 1989 bis 1992 wurde das World Wide Web (www) entwickelt, seit 1991 wurde es erstmals für die kommerzielle Nutzung durch Einzelpersonen genehmigt. Heute ist das Internet mit seinen unzähligen Seiten (websites) und Domänen (Netzadressen) das Medium, das die globale Vernetzung explosionsartig steigen ließ (Kapitel 1.1). Seit einigen Jahren wird immer wieder von Personen berichtet, die unter den negativen Folgen ihres pathologischen Internetgebrauchs leiden oder dadurch Probleme mit ihrem sozialen Umfeld bekommen.

Die bisherige Forschung zum Phänomen der pathologischen Internetnutzung wurde in den meisten Fällen online durchgeführt. Dazu wurden Fragebögen ins Internet gestellt, von Interessierten ausgefüllt und anschließend ausgewertet. Eine gewichtete Darstellung der Ergebnisse ermöglichte eine Einteilung der pathologischen Internetnutzung. Zum einen in ein zeitlich begrenztes exzessives, aber dennoch normales Verhalten. Zum anderen in ein pathologisches Verhalten mit suchtähnlichem Charakter, welches beispielsweise in Zusammenhang mit subklinischen depressiven Verstimmungen oder psychischen Störungen stehen kann (Kapitel 1.2).

In Bezug auf die pathologische Internetnutzung als Begleiterscheinung psychischer Störungen wurden bislang nur einige wenige amerikanische Studien zu klinisch relevanten psychischen Störungen vorgestellt, die bei Personen mit pathologischer Internetnutzung diagnostiziert wurden (Kapitel 1.2.3.3).

Die vorliegende Arbeit beschäftigt sich mit dem Phänomen der „pathologischen Internetnutzung" (festgelegt nach den Kriterien zur Abhängigkeitsstörung nach ICD-10). Ziel der Studie (Kapitel 1.3) war es zu ermitteln, ob es sich bei der pathologischen Internetnutzung um eine Primärstörung handelt oder diese sekundär als Begleiterscheinung psychischer Störungen (z.B. Angststörung) auftritt. In diesem Kontext wurde auch Folgendes geprüft: Kann zwischen den beiden Probandengruppen (mit bzw. ohne pathologische Internetnutzung) ein Unterschied bezüglich der Lebensorientierung oder dem Grad der Verunsicherung im sozialen, gesellschaftlichen Leben (Anomie) gefunden werden? Wie stellen sich die Angaben (Selbstauskunft) und Testergebnisse derjenigen Probanden dar, bei denen trotz pathologischer Internetnutzung keine psychische Störung diagnostiziert wurde? Eine nähere Betrachtung ist hier von Bedeutung, da es sich in diesen Fällen um eine primäre pathologische Internetnutzung handeln könnte.

Die Datenerhebung fand von August 2000 bis März 2004 statt. Es wurden 61 Personen untersucht. Die zehn ersten Probanden wurden in der „Münchner Ambulanz für Internet-Abhängige" in der Abteilung Klinische Neurophysiologie der Psychiatrischen Klinik der Ludwig-Maximilians-Universität vorstellig. Weitere 51 Probanden wurden durch mehrere Plakat-Aushänge und Aufrufe in den Jobbörsen der Homepages von 10 deutschen Universitäten sowie bei der Bundesagentur für Arbeit rekrutiert (Kapitel 2.1).
In die Teilstichprobe der pathologischen Nutzer wurden diejenigen Probanden aufgenommen, welche mindestens fünf der sechs Kriterien einer pathologischen Internetnutzung (N = 30) erfüllten; die Klassifikation erfolgte in Anlehnung an die Abhängigkeitsstörung nach ICD-10, F1x.2. Die Ergebnisse dieser Gruppe wurden mit denen der Gruppe mit

nicht-pathologischer Internetnutzung (N = 31) verglichen, bei denen höchstens zwei von sechs Kriterien zutreffen durften (Kapitel 2.2).

Es wurden Fragebögen und Diagnostikverfahren zur Erfassung von psychischen Störungen (CIDI, HAM-D, Y-Bocs), zum Screening von möglichen Persönlichkeitsstörungen (IPDE), zur Erfassung des Internetgebrauchs (Seemann et al., 2000; Gamblers Anonymous, 1980) sowie der allgemeinen Lebensorientierung (SOC) bzw. Verunsicherung bezüglich des sozialen, gesellschaftlichen Lebens (Anomieskala) verwendet (Kapitel 2.2).

In der Gegenüberstellung der beiden Probandengruppen (pathologisch vs. nicht-pathologischen Nutzung) konnten unter anderem höhere Online-Zeiten pro Woche (31,6 vs. 19,7) bei den pathologischen Nutzern gefunden werden. Außerdem fanden sich eine Bevorzugung der Kommunikationsangebote im Internet sowie stärkere körperliche bzw. psychische Beschwerden (u.a. Rückenschmerzen, Nervosität) bei den Probanden mit pathologischer Nutzung (Kapitel 3.1).

Als Hauptergebnis der Arbeit (Kapitel 3.2) konnte ein signifikanter Unterschied zwischen den beiden Probandengruppen festgestellt werden. Bei Personen mit pathologischer Internetnutzung wurden bei 27 von 30 Personen eine psychische Störung diagnostiziert. In der Gruppe der nicht-pathologischen Nutzer waren es hingegen nur 7 von 31 Personen, bei denen die Diagnose einer psychischen Störung gestellt wurde.

Zwischen den beiden Probandengruppen konnte außerdem ein signifikanter Unterschied bezüglich der Lebensorientierung sowie der Verunsicherung im sozialen, gesellschaftlichen Leben (Anomie) gefunden werden (Kapitel 3.3). Personen mit pathologischer Internetnutzung weisen im Durchschnitt eine weniger positive Lebensorientierung sowie höhere Anomie-Werte (= stärkere Verunsicherung) auf. Es liegt jedoch die Vermutung nahe, dass diese Unterschiede nicht von der pathologischen Internetnutzung sondern von der bestehenden psychischen Störung herrühren (Kapitel 4).

Die Angaben (Selbstauskunft) und Testergebnisse der drei Probanden, bei denen sich trotz pathologischer Internetnutzung keine Diagnose einer psychischen Störung feststellen ließ, wurden genauer betrachtet (Kapitel 3.4). Hierbei stellte sich heraus, dass nur bei zwei dieser drei Probanden aufgrund der Datenlage keine psychische Störung als mögliche Ursache für die pathologische Internetnutzung angenommen werden konnte. Der dritte Proband hat seit seiner Kindheit, immer wieder (unterschwellige) depressive Episoden durchlitten, mit Ausnahme der letzten 12 Monate des Erhebungszeitraums.

Aufgrund der vorliegenden Ergebnisse lässt sich die Annahme bekräftigen, dass es sich bei der so genannten „pathologischen Internetnutzung" mehrheitlich um eine sekundäre Störung handelt, welche als Begleiterscheinung psychischer Störungen (z.B. Angststörung, Depression) zu sehen ist.

Wichtig für die weitere Forschung auf dem Gebiet der pathologischen Internetnutzung ist es vor allem von bloßen Online-Befragungen abzusehen und persönlichen Interviews bzw. Tests mit repräsentativen Stichproben den Vorrang zu geben. Weiterhin sind Einzelfallstudien im klinisch-therapeutischen Bereich interessant, bei der wegen pathologischer Internetnutzung vorstellig gewordene Patienten über einen längeren Zeitraum, zeitgleich mit ihrer Behandlung, auf vorhandene psychische Störungen (z.B. Depression, Angststörung) sowie Persönlichkeitsstörungen untersucht werden sollten.

In der vorliegenden Arbeit konnte gezeigt werden, dass das Internet als Medium von einem Teil der Nutzer als inadäquate Strategie zur Vermeidung oder Verarbeitung von Problemen bzw. bestehender vorrangiger psychischer Störungen (Kapitel 4) benutzt wird. Für die Betroffenen mit Leidensdruck ist es jedoch nicht von Bedeutung, ob der Arzt oder Therapeut sie wegen der Diagnose einer „pathologischen Internetnutzung" oder der Diagnose einer „Angststörung mit pathologischer Internetnutzung als Begleiterscheinung" in Behandlung nimmt, wenn sie sich Unterstützung und Hilfe erhoffen. Wenngleich es sich bei den Patienten um Menschen handeln sollte, die sich selbst als „Netaholic" sehen und ihre pathologische Internetnutzung als die Ursache ihres Leidens (vgl. Surratt, 1999). Ihre Therapie ist keinesfalls mit der Auferlegung von Abstinenz durchführbar wie dies beispielsweise bei Alkoholikern der Fall ist. Computer sowie der Internetzugang sind an beinahe jedem Arbeitsplatz, in Schulen und Universitäten und Haushalten zur Normalität geworden. Die Therapie der „pathologischen Internetnutzung" muss ähnlich einer Essstörung gehandhabt werden (vgl. Orzack & Orzack, 1998, 1999), bei der ein adäquater Umgang mit dem Notwendigen angestrebt wird. Eine Kombination von Psychotherapie und einer eventuellen Medikamentengabe zur Behandlung einer primären psychischen Störung wie zum Beispiel einer bestehenden Depression oder einem Angstzustand ist hier angezeigt (vgl. Shapira, 1998).

Wichtig für die Behandlung als auch für weiterführende Untersuchungen auf dem Gebiet der pathologischen Internetnutzung ist eine ausreichende Medienkompetenz bei Ärzten, Therapeuten und Forschern.

Das Internet ist als Kulturtechnik nicht mehr aus Wissenschaft, Bildungsinstitutionen und unserem Alltag wegzudenken. Die Forderung nach einer ausreichenden Medienkompetenz bei Forschern und Therapeuten muss auf die gesamte Gemeinschaft der Internetnutzer ausgeweitet werden, um den Anforderungen der Zukunft auf diesem Gebiet gerecht zu werden. Die geforderte Medienkompetenz liegt nicht nur in der Aneignung technischer Fertigkeiten, sondern auch in einer verantwortungsbewussten Integration des Mediums in den Alltag (vgl. Schachtner, 2000). Wie und wodurch dieser verantwortungsbewusste Umgang erlernt und gefördert werden kann ist eines der Ziele für zukünftige Forschung auf dem Gebiet der Internetnutzung und damit von immenser präventiver Bedeutung.

6. LITERATURVERZEICHNIS

Sämtliche im Fließtext und im Literaturverzeichnis angeführten Web-Adressen (URL) wurden am 13. September 2004 überprüft und waren verfügbar. Die Zitierung bezieht sich auf die Webpublikationen, wie sie am Stichtag vorlagen.

Aarnodt, S. (1998). Playing with dopamine release. *Nature, 660.*
Amelang, M. & Schmidt-Rathjens, C. (2000). Kohärenzsinn als Prädiktor und Supressor bei der Unterscheidung von Gesundheit und Krankheit. *Zeitschrift für Gesundheitspsychologie, 8,* 85-93.
American Psychological Association (APA). (1999). *10 criteras for Internet addiction.* [On-line]: http://www.apa.org/releases/internet.html (13.09.2004).
Amichai-Hamburger, Y. & Ben-Artzi, E. (2003). Loneliness and internet use. *Computers in Human Behavior, 19,* 71-80.
Anderson, K. (2001). Internet use among college students: An exploratory study. *Journal of American College Health, 50,* 21-26.
Antonovsky, A. (Ed.). (1987). *Unraveling the mystery of health.* San Francisco: Jossey-Bass.
Antonovsky, A. (Ed.). (1979). *Health, stress, and coping.* San Francisco: Jossey-Bass.
Antonovsky, A. (Ed.). (1993). The structure and properties of the sense of coherence scale. *Social Science and Medicine, 36,* 725-733.
Armstrong, L., Phillips, J. & Saling, L. (2000). Potential determinants of heavier internet usage. *International Journal of Human-Computer Studies, 53,* 537-550.
Bahl, A. (Hrsg.). (1997). *Zwischen On- und Offline. Identität und Selbstdarstellung im Internet.* München: KoPäd Verlag.
Bai, Y., Lin, C. & Chen, J. (2001). Internet addiction disorder among clients of a virtual clinic. *Psychiatric Service, 52,* 1397.
Barratt, E. S. (1994). Impulsiveness and aggression. In J. Monahan & H. Stedman (Eds.). *Violence and mental disorders: developments in risk assessment* (pp. 61-80). Chicago: University of Chicago Press.
Basler, H.-D. (1990). Untersuchungen zur Validität der Anomie-Skala von Srole. *Kölner Zeitschrift für Soziologie und Sozialpsychologie, 29,* 335-342.
Batinic, B. (Hrsg.). (2000). *Internet für Psychologen.* Göttingen: Hogrefe.
Baumann, U. (1976). Methodische Untersuchungen zur Hamilton-Depression-Skala. *Archives of Psychiatry, 222,* 359-375.
Beard, K. & Wolf, E. (2001). Modification in the proposed diagnostic criteria for internet addiction. *CyberPsychology & Behavior, 4,* 377-383.
Beck, A., Steer, R. & Brown, G. (Eds.). (1996). *Beck Depression Inventory-II (BDII) Manual* (2nd Edition). San Antonio: Psychological Corporation.
Bell, W. (1957). Anomie, social integration, and the class structure. *Sociometry, 20,* 105-116.
Benedikt, C. (1995). Tinysex is safe sex. *Infobahn Magazine: The magazine of internet culture.* [On-line]. http://www.nicoladoering.net/Hogrefe/benedikt.htm [13.09.2004].
Berger, M. (Hrsg.). (1999). *Psychiatrie und Psychotherapie.* München: Urban & Fischer.
Black, D., Belsare, G. & Schlosser, S. (1999). Clinical features, psychiatric comorbidity, and health-related quality of life in persons reporting compulsive computer use behavior. *Journal of Clinical Psychiatry, 60,* 839-844.

Blaszczynski, A. & Steel, Z. (1998). Personality disorders among pathological gamblers. *Journal of Gambling Studies, 14*, 51-71.

Bortz, J. & Döring, N. (Hrsg.). (1995). *Forschungsmethoden und Evaluation für Sozialwissenschaftler.* Berlin: Springer.

Brenner, V. (1997). Parameters of internet use, abuse and addiction: The first 90 days of the internet usage survey. *Psychological Reports, 80*, 879-882.

Bronisch, T. (2003). Störungen der Impulskontrolle. In H.-J. Möller, G. Laux & H.-P. Kapfhammer (Hrsg.). *Psychiatrie und Psychotherapie.* (2. Auflage, S. 1632-1636). Berlin: Springer.

Brown R. (1997). A theoretical model of the behavioural addictions - applied to offending. In J. Hodge, M. McMurran & C. Hollin (Eds.). *Addicted to crime?* (pp. 13-65). West Sussex: Wiley & Sons.

Buckstein, O., Glancy, L. & Kaminer, Y. (1992). Patterns of affective comorbidity in a clinical population of dually diagnosed adolescent substance abusers. *Journal of American Academic Child Adolescent Psychiatry, 31*, 1041-1045.

Büttner-Westphal H., & Hand, I. (1991). Yale-Brown Obsessive Compulsive Scale (Y-BOCS), dt. Übersetzung und Bearbeitung. *Verhaltenstherapie, 1*, 226–233.

Caplan, S. (2002). Problematic internet use and psychosocial well-being: development of a theory-based cognitive-behavioral measurement instrument. *Computers in Human Behavior, 18*, 553-575.

Caplan, S. (2003). Preference for online social interaction: A theory of problematic internet use and psychosocial well-being. *Communication Research, 30*, 625-648.

Carton, S., Jouvent, R. & Widloecher, D. (1994). Sensation seeking, nicotine dependence, and smoking motivation in female and male smokers. *Addictive Behaviors, 19*, 219-227.

Case, C. (1999). Electronic mail dysfunction: A reality check. *CyberPsychology & Behavior, 2*, 413-418.

Catalano, G., Catalano, M., Embi, C. & Frankel, R. (1999). Delusions about the internet. *South Medicine Journal, 92*, 609-610.

Christensen, G., Faber, R. & De Zwaan, M. (1994). Compulsive buying: descriptive characteristics and psychiatric comorbidity. *Journal of Clinical Psychiatry, 55*, 5-11.

Clark, D. & Sayette, M. (1993). Anxiety and the development of alcoholism: Clinical and scientific issues. *The American Journal on Addictions, 2*, 59-76.

Cohen, S. & Hoberman, H. (1983). Positive events and social supports as buffers of life-change stress. *Journal of Applied Social Psychology, 13*, 99-125.

Collegium Internationale Psychiatriae Scalarum CIPS (Hrsg.) (2005). *Internationale Skalen für Psychiatrie* (5. Auflage). Weinheim: Beltz.

Cooper, A., Delmonico, D. & Burg, R. (2000). Cybersex users, abusers, and compulsives: New findings and implications. *Sexual Addiction and Compulsivity, 7*, 5-29.

Cooper, A., Putman; D., Planchon, L. & Boies, S. (1999). Online sexual compulsivity: Getting tangled in the net. *Sexual Addiction and Compulsivity, 6*, 79-104.

Cooper, A., Scherer, C. Boies, S. & Gordon, B. (1999a). Sexuality on the internet: From sexual exploration to pathological expression. *Professional Psychology: Research and Practice, 30*, 154-164.

Cooper, A. & Sportolari, L. (1997). Romance in cyberspace: Understandig online attraction. *Journal of Sex Education and Therapy, 22*, 7-14.

Coopersmith, S. (Ed.). (1991). *Self-Esteem Inventories.* San Francisco: Consulting Psychologists Press, Inc.

Cornwell, B. & Lundgren, D. (2001). Love on the internet: Involvement and misrepresentation in romantic relationships in cyberspace vs. realspace. *Computer in Human Behavior, 17,* 197-211.
CW online. (2004). Jeder Zweite über 50 benutzt das Internet. [On-line]. http://www.computerwoche.de/ [13.09.2004].
CW online. (2004a). Deutsche liegen bei Internet-Nutzung im europäischen Mittelfeld. [On-line]. http://www.computerwoche.de/ [13.09.2004].
Davis, R. (2001). A cognitive-behavioral model of pathological internet use (PIU). *Computers in Human Behavior, 17,* 187-195.
Delmonico, D. & Carnes, P. (1999). Virtual sex addiction: When cybersex becomes the drug of choise. *CyberPsychology & Behavior, 2,* 457-463.
Deutsche Hauptstelle für Suchtforschung (Hrsg.). (2004). Glücksspielsucht. In: *Jahrbuch Sucht. Zahlen und Fakten.* [On-line]. http://www.dhs.de/ [13.09.2004].
Deutsche Hauptstelle gegen die Suchtgefahren (Hrsg.). (1985). *Süchtiges Verhalten - Grenzen und Grauzonen im Alltag.* Hamm: Hoheneck.
Dickerson, M., Hinchy, J. & Fabre, J. (1987). Chasing, arousal and sensation seeking in offcourse gamblers. *British Journal of Addiction, 82,* 873-860.
Dilling, H., Mombour, W., Schmidt, M. (Hrsg.). (1993). *Internationale Klassifikation psychischer Störungen: ICD-10, Kapitel V (F), Klinisch-diagnostische Leitlinien* (2. Auflage). Bern: Huber.
Döring, N. (Hrsg.). (1999). *Sozialpsychologie des Internet: die Bedeutung des Internet für Kommunikationsprozesse, Identitäten, soziale Beziehungen und Gruppen.* Göttingen: Hogrefe.
Ebert, D. (1999). Nicht-stoffgebundene Süchte, Impulskontrollstörungen. In M. Berger (Hrsg.). *Psychiatrie und Psychotherapie* (S. 847-865). München: Urban & Fischer.
Eichenberg, C. & Ott, R. (1999). Internetabhängigkeit: Massenphänomen oder Erfindung der Medien? *c't, 19.* [On-line]. http://www.heise.de/ct/99/19/106/ [13.09.2004].
Eichenberg, C., Klemme, A. & Theimann, T. (2003). Internetsucht: ein neues Störungsbild? Ein Überblick zu neueren Befunden. *Psychomed, 15,* 100-105.
Eidenbenz, F. (2001). Online zwischen Faszination und Sucht. *Wiener Zeitschrift für Suchtforschung, 25,* 77-80.
Everhard, R. (2001). Characteristics of pathological internet users: An examination of online gamers. *Dissertation-Abstracts-International, 61,* 4979.
Eysenck, H. & Eysenck, S. (Eds.). (1975). *Manual: Eysenck Personality Inventory.* San Diego: Educational and Industrial Testing Service.
Farmer, R. & Sundberg, N. (1986). Boredom proneness: The development and correlates of a new scale. *Journal of Personality Assessment, 50,* 4-17.
Fisher, S. & Griffiths, M. (1995). Current trends in slot machine gambling: Research and policy issues. *Journal of Gambling Studies, 11,* 239-247.
Gabbard, G. (2001). Cyberpassion. Erotic transference on the internet. *Psychoanalytic Quarterly, 70,* 719-739.
Gackenbach, J. (Ed.) (1998). *Psychology and the Internet: intrapersonal, interpersonal, and transpersonal implications.* San Diego: Academic Press.
Gamblers Anonymous. (1980). *Twenty Questions.* Los Angeles: Gamblers Anonymous Publishing.
Gauthier, D. & Forsyth, C. (1999). Bareback sex, bug chasers, and the gift of death. *Deviant Behavior: An Interdisciplinary Journal, 20,* 85-100.

GfK Online-Monitor. (2001). 7. Welle. [On-line]. http://www.gfk.de/produkte.pdf [13.09.2004].
Goldberg, I. (1996). Internet addiction: electronic message posted to research discussion list. [On-line]. http://www.rider.edu/users.html [13.09.2004].
Goodman, W., Price, L., Rasmussen, S., Mazure, C., Fleischmann, R., Hill, C., Heniger, G. & Charney, I. (1989). The Yale-Brown Obsessive Compulsive Scale. I. Development, use and reliability. Archives of General Psychiatry, 46, 1006-1011.
Goodman, W., Price, L., Rasmussen, S., Mazure, C., Fleischmann, R., Hill, C., Heniger, G. & Charney, I. (1989a). The Yale-Brown Obsessive Compulsive Scale. II. Validity. Archives of General Psychiatry, 46, 1012-1016.
Greenberg, J., Lewis, S. & Dodd, D. (1999). Overlapping addictions and self-esteem among college men and women. Addictive Behaviors, 24, 565-571.
Greenfield, D. (1999). Psychological characteristics of compulsive internet use: A preliminary analysis. CyberPsychology & Behavior, 2, 403-412.
Greenfield, D. (Hrsg.). (2000). Suchtfalle Internet. Hilfe für Cyberfreaks, Netheads und ihre Partner. Düsseldorf: Walter Verlag.
Griffiths, M. (1995). Technological addictions. Clinical Psychology Forum, 76, 14-19.
Griffiths, M. (1998). Internet addiction: does it really exist? In J. Gackenbach (Ed.). Psychology and the Internet: intrapersonal, interpersonal, and transpersonal implications (pp. 61-75). San Diego: Academic Press.
Griffiths, M. (1999). Gambling technologies. Prospects for problem gambling. Journal of Gambling Studies, 15, 265-283.
Griffiths, M. (1999a). Internet addiction: Fact or fiction? The Psychologist, 12, 246-251.
Griffiths, M. (2001). Sex on the internet: Oberservations and implications for internet Sex Addiction. The Journal of Sex Research, 38, 333-342.
Griffiths, M. & Wood, R. (2000). Risk factors in adolescence: The case of gambling, videogame playing, and the internet. Journal of Gambling Studies, 16, 199-225.
Grohol, J. (1999). Addiction guide. Psychiatric Central: Mental Health. [On-line]. http://psychcentral.com/netaddiction/ [13.09.2004].
Grohol, J. (1999a). Too much time online: Internet addiction or healthy social interactions? CyberPsychology & Behavior, 2, 395-401.
Gross, W. (Hrsg.). (1995). Was ist das Süchtige an der Sucht? Geesthacht: Neuland-Verlagsgesellschaft mbH.
Hänsgen, K.-D. (Hrsg.). (2001). Hogrefe TestSystem. Einführung in die computerbasierte Psychodiagnostik. Handbuch, Band 2. Göttingen: Hogrefe.
Hahn, A. & Jerusalem, M. (im Druck). Internetsucht: Befunde aus vier Onlinestudien. [On-line]. http://internetsucht.psychologie.de/publikationen.html [13.09.2004].
Hahn, A. & Jerusalem, M. (2001). Internetsucht: Jugendliche gefangen im Netz. In J. Raithel (Hrsg.). Risikoverhaltensweisen Jugendlicher. Erklärungen, Formen und Prävention (S. 279-294). Opladen: Leske + Budrich.
Hahn, A. & Jerusalem, M. (2001a). Internetsucht - Reabilität und Validität in der Online-Forschung. In A. Theobald, M. Dreyer & T. Starsetzki (Hrsg.). Handbuch zur Online-Marktforschung. Beiträge aus Wissenschaft und Praxis (S. 213-233). Wiesbaden: Gabler.
Hamburger, Y. & Ben-Artzi, E. (2000). The relationship between extraversion and neuroticism and the different uses of the internet. Computers in Human Behavior, 16, 441-449.

Hamilton, M. (1967). Development of a rating scale for primary depressive illness. *British Journal Social Clinical Psychology, 6,* 278-296.
Hamilton, M. (1986). The Hamilton rating scales for depression. In N. Sartorius & T. Ban (Eds.). *Assessment of Depression* (pp. 143-152). Springer: Berlin.
Hamilton, M. (2005). Hamilton Depression Scale. In Collegium Internationale Psychiatriae Scalarum CIPS (Hrsg.). *Internationale Skalen für Psychiatrie* (5. Auflage, S. 261-270). Weinheim: Beltz.
Hand, I. & Büttner-Westphal, H. (1991). Die Yale-Brown Obssessive Compulsive Scale (Y-BOCS): Ein halbstrukturiertes Interview zur Beurteilung des Schweregrades von Denkstörungen und Handlungszwängen. *Verhaltenstherapie, 1,* 223-225.
Hasin, D., Endicott, J. & Lewis, C. (1985). Alcohol and drug abuse in patients with affective syndromes. *Comprehensive Psychiatry, 26,* 283-295.
Hathaway, S. & McKinley, J. (Eds.). (1989). *Minnesota Multiphasic Personality Inventory – 2.* Minnesota: University of Minnesota Press.
Hedlund, J. & Vieweg, B. (1979). The Hamilton rating scale for depression: a comprehensive review. *Journal of Operational Psychiatry, 10,* 149-165.
Hegerl, U. & Henkel, V. (2003). Leichtere und unterschwellige (minore) Depressionen. In U. Hegerl & P. Hoff (Hrsg.). *Depressionsbehandlung unter komplizierenden Bedingungen. Komorbidität - Multimedikation - Geriatrische Patienten* (S. 102-107). Bremen: Uni-Med.
Hegerl, U. & Hoff, P. (Hrsg.). (2003). *Depressionsbehandlung unter komplizierenden Bedingungen. Komorbidität - Multimedikation - Geriatrische Patienten.* Bremen: Uni-Med.
Heitmüller, U. (2003). Manche können nicht mehr abschalten. Experten warnen vor Internet-Sucht - Therapien sind selten. *Augsburger Allgemeine Ztg., 93,* 9. [23.04.03]
Helmreich, R. & Stapp, J. (1974). Short forms of the Texas Social Behavior Inventory (TSBI), an objective measure of self-esteem. *Bulletin of the Psychonomic Society, 4,* 473-475.
Herpertz, S. (Hrsg.). (2001). *Impulsivität und Persönlichkeit: zum Problem der Impulskontrollstörungen.* Stuttgart: Kohlhammer.
Higuchi, S., Suzuki, K., Yamada, K., Parrish, K. & Kono, H. (1993). Alcoholics with eating disorders: Prevalence and clinical course, a study from Japan. *British Journal of Psychiatry, 162,* 402-406.
Hodge, J., McMurran, M. & Hollin, C. (Eds.) (1997). *Addicted to crime?* West Sussex: Wiley & Sons.
Hyler, S., Rieder, R. & Spitzer, R. (Eds.). (1989). *Personality Diagnostic Questionnaire-Revised.* New York: New York State Psychiatric Institute.
Infra Search. (2003). Monitoring Informationswissenschaft. *5. Faktenbericht, November 2002.* [On-line]. http://193.202.26.196/bmwi/Faktenbericht_5.htm [13.09.2004].
Iso-Ahola, S. & Crowley, E. (1991). Adolescent substance abuse and leisure time boredom. *Journal of Leisure Research, 23,* 260-271.
Jacobson, D., Kloss, M., Fricke, S., Hand, I. & Moritz, S. (2003). Reliabilität der deutschen Version der Yale-Brown Obsessive Compulsive Scale. *Verhaltenstherapie, 13,* 111-113.
Jahn, M. (Hrsg.). (2001). *Jugend und Sucht.* Wien: öbv&hpt VerlagsgmbH.
Kandell, J. (1998). Internet addiction on campus - the vulnerability of college students. *CyberPsychology & Behavior, 1,* 11-17.

Kanner, A., Coyne, J., Schaefer, C. & Lazarus, R. (1981). Comparison of two models of stress measurements: daily hassles and uplifts versus major life events. *Journal of Behavioral Medicine, 4*, 1-39.

Kellermann, B. (1988). Ob Alkohol, Drogen oder Spielen: Sucht ist Sucht. In D. Rohweder & M. Hacks (Hrsg.). *Exzessives Spielen. Zur Häufigkeit, Psychologie und Therapie der sog. Spielsucht.* Schriftenreihe Experten im Gespräch (Band 6, S. 87-103). Hamburg: Wissenschaftsverlag Wellingsbüttel.

Kellermann, B. & Sostmann, M. (1992). Pathologisches Automaten-Glücksspielen aus der Sicht einer psychiatrischen Suchttherapiestation. *Hamburger Ärzteblatt, 46*, 169-176.

King, C., Naylor, M., Hill, E., Shain, B. & Greden, J. (1993). Dysthymia characteristic of heavy alcohol use in depressed adolescents. *Biological Psychiatry, 33*, 210-212.

King, S. (1999). Internet gambling and pornography: Illustrative examples of the psychological consequences of communication anarchy. *CyberPsychology & Behavior, 2*, 175-193.

King, S. & Barak, A. (1999). Compulsive Internet gambling: A new form of an old clinical pathology. *CyberPsychology & Behavior, 2*, 457-463.

Köhler, M. (2001). Zur sozialen Verträglichkeit des Internet mit besonderer Berücksichtigung der Variable Einsamkeit. In P. Vitouch (Hrsg.). *Psychologie des Internet* (S. 11-37). Wien: WUV.

Koepp, M., Gunn, R., Lawrence, A., Cunningham, V., Dagher, A., Jones, T., Broos, D., Bench, C. & Grasby, P. (1998). Evidence for striatal dopamine release during video game. *Nature, 393*, 266-268.

Kratzer, S. (2001). Identität und Internet. In O. Seemann, G. Köpf, S. Kratzer & A. Wöller (Hrsg.). *Die Internet-Süchtigen. Schriftenreihe des Münchner Instituts für Psychiatrische Wirkungsforschung MIPW,* (Band 2, S. 36-60). Oberhausen: Verlag Karl Maria Laufen.

Kraus, L. & Augustin, R. (2004). Repräsentativerhebung zum Konsum und Missbrauch von illegalen Drogen, alkoholischen Getränken, Medikamenten und Tabakwaren im Auftrag des Bundesministerium für Gesundheit, 2003. [On-line]. http://www.bmgs.bund.de/downloads/DrogenSuchtbericht_April_2004.pdf. [13.09.2004].

Kraut, R., Kiesler, S., Boneva, B., Cummings, J., Helgeson, V. & Crawford, A. (2002). Internet paradox revisited. *Journal of Social Issues, 58*, 49-74.

Kraut, R., Patterson, M., Lundmark, V., Kiesler, S., Mukopadhyay, T. & Scherlis, W. (1998). Internet paradox: A social technology that reduces social involvement and psychological well-being. *American Psychologist, 53*, 1017-1031.

Kreisel, U. & Tabbert, P. (Hrsg.). (1996). *Net Jargon. Englisch fürs Internet.* Reinbek: Rowohlt.

Kryspin-Exner, I. (1994). Alkoholismus. In H. Reinecker (Hrsg.). *Lehrbuch der Klinischen Psychologie* (2. Auflage, S. 267-297). Göttingen: Hogrefe.

Laireiter, A. & Neuwirth, W. (Hrsg.). (1996). *Skalen Soziale Unterstützung. Version 2.00: Handanweisung.* Mödling: Dr. G. Schuhfried GmbH.

LaRose, R., Eastin, M. & Gregg. J. (2003). Reformulating the internet paradox: Social cognitive explanations of internet use and depression. *Journal of Online Behavior, 1.* [On-line]. http://www.behavior.net/JOB/v1n2/paradox.html. [13.09.2004].

LaRose, R., Lin, C. & Eastin, M. (2003a). Unregulated internet usage: addiction, habit, or deficient self-regulation? *Media Psychology, 5*, 225-253.

Larsson, G. & Kallenberg, K. (1996). Sense of coherence, socioeconomic conditions and health. *European Journal of Public Health, 6,* 175-180.
Lavin, M., Marvin, K., McLarney, A., Nola, V. & Scott, L. (1999). Sensation seeking and collegiate vulnerability to internet dependence. *CyberPsychology & Behavior, 2,* 425-430.
Leithäuser, T., Beier, P. & Leicht, P. (2001). *Junge Erwachsene im Netz: Kommunikation und Identitätsbildung in Chats und Online-Rollenspielen. Eine sozialpsychologische Untersuchung.* Akademie für Arbeit und Politik an der Universität Bremen. [On-line]. http://www.uni-bremen.de (13.09.2004). [13.09.2004].
Lesieur, H. & Blume, S. (1987). The South Oaks Gambling Screen (SOGS): A new instrument for the identification of pathological gamblers. *American Journal of Psychiatry, 144,* 1184-1888.
Levitz, L. (1971). *The experimental induction of compulsive gambling.* Unpublished doctoral dissertation, University of Illinois.
Lewin, K. (1981). Werkausgabe. C.F. Graumann (Hrsg.), Bern: Huber.
Lewis, D. & Duncan, C. (1956). Effect of different percentages of money reward on extinction of a lever-pulling response. *Journal of Experimental Psychology, 52,* 23-27.
Lewis, D. & Duncan, C. (1957). Expectation and resistance of extinction of a lever-pulling response as functions of percentage of reinforcement and amount of reward. *Journal of Experimental Psychology, 54,* 115-120.
Lin, S. & Tsai, Ch. (2002). Sensation seeking and internet dependence of Taiwanese high school adolescents. *Computers in Human Behavior, 18,* 411-426.
Loranger, A. (Hrsg.). (1996). *IPDE: International personality disorder examination; ICD-10 Modul.* Bern: Huber.
Maier, W., Philip, M. & Gerken, A. (1985). Dimensionen der Hamilton-Depressionsskala (HAMD). Faktoranalytische Untersuchungen. *European Archive of Psychiatry and Neurological Science, 234,* 417-422.
Marks, I. (1990). Non-chemical (behavioural) addictions. *British Journal of Addiction, 85,* 1389-1394.
Marlatt, G., Kosturn, C. & Lang, A. (1975). Provocation to anger and opportunity for retaliation as determinants of al alcohol consumption in social drinkers. *Journal of Abnormal Psychology, 84,* 652-659.
Mayerhöfer, A. & Schlesinger, C. (2001). *Privates Mailen und Surfen im Büro wird überwacht.* [On-line]. http://www.capital.de/sk/art/113804.html. [13.09.2004].
McFall, M., Mackay, P. & Donovan, D. (1992). Combat-related posttraumatic stress disorder and severity of substance abuse in Vietnam veterans. *Journal of Studies on Alcohol, 53,* 357-363.
McFarlane, M., Bull, S. & Reitmeijer, C. (2000). The Internet as a newly emerging risk environment for sexually transmitted deseases. *Journal of the American Medical Association, 284,* 443-446.
McKenna, K. & Bargh, J. (2000). Plan 9 from cyberspace: the implications of the internet for personality and social psychology. *Personality and Social Psychology Review, 4,* 57-75.
McMurran, M. (Ed.). (1994). *The psychology of addiction.* London: Taylor & Francis.
Mello, N. (Ed.) (1980). *Advances in substance abuse.* Greenwich: JAI Press Inc.
Merton, R. (Ed.). (1967). *Social theory and social structure.* New York: McMillan.

Meyer, G. (1984). *Geldspielautomaten mit Gewinnmöglichkeit - Objekte pathologischen Glücksspiels*. Bochum: Studienverlag Dr. N. Brockmeyer.

Meyer, G. & Bachmann, M. (2000). *Spielsucht: Ursachen und Therapie*. Berlin: Springer.

Meyer, G. (2004). Glücksspiel – Zahlen und Fakten. In Deutsche Hauptstelle gegen die Suchtgefahren. (Hrsg.). *Jahrbuch Sucht* (S. 83-84). Geestacht: Neuland.

Möller, H.-J. (Hrsg.). (1994). *Psychiatrie: ein Leitfaden für Klinik und Praxis* (2. Auflage). Stuttgart: Kohlhammer.

Möller, H.-J., Laux G. & Kapfhammer, H.-P. (Hrsg.) (2003). *Psychiatrie und Psychotherapie* (2. Auflage). Berlin: Springer.

Mombour, W., Zaudig, M., Berger, P., Gutierrez, K., Berner, W., Berger, K., von Cranach, M., Giglhuber, O. & von Bose, M. (Hrsg.). (1996). *IPDE - ICD-10-Screening-Fragebogen für Persönlichkeitsstörungen* (dt. Fassung). Bern: Huber.

Moody, E. (2001). Internet use and its relationship to loneliness. *CyberPsychology & Behavior, 4*, 393-401.

Morahan-Martin, J. (1999). The relationsship between loneliness and internet use and abuse. *CyberPsychology & Behavior, 2*, 431-439.

Morahan-Martin, J. (2001). Caught in the web: Research and criticism of internet abuse with application to college students. In Ch. Wolfe (Ed.). *Learning and teaching on the world wide web* (pp. 191-219). San Diego: Academic Press.

Morahan-Martin, J. & Schumacher, P. (2000). Incidence and correlates of pathological internet use among college students. *Computers and Human Behavior, 16*, 13-29.

Morahan-Martin, J. & Schumacher, P. (2003). Loneliness and social uses of the internet. *Computers and Human Behavior, 19*, 659-671.

Morgan, C. & Cotten, S. (2003). The relationsship between internet activites and depressive symptoms in a sample of college freshmen. *CyberPsychology & Behavior, 6*, 133-142.

Moritz, S., Birkner, C., Kloss, M., Fricke, S., Böthern, A. & Hand, I. (2001): Impact of comorbid depressive symptoms on neuropsychological performance in obsessive-compulsive disorder. *Journal of Abnormal Psychology, 110*, 653-657.

Moritz, S., Meier, B., Kloss, M., Jacobson, D., Wein, C., Fricke, S. & Hand, I. (2002). Dimensional structure of the Yale-Brown Obsessive-Compulsive Scale (Y-BOCS). *Psychiatry Research, 109*, 193-199.

Müller, A., Reinecker, H., Jacobi, C., Reisch, L., de Zwaan, M. (2005). Pathologisches Kaufen – eine Literaturübersicht. *Psychiatrische Praxis, 32*, 3-12.

Musch, J. (2000). Die Geschichte des Netzes. In B. Batinic (Hrsg.). *Internet für Psychologen* (S. 15-39). Göttingen: Hogrefe.

Nielsen/NetRating. (2004). *Global internet index: Average usage*. [On-line]. http://www.nielsen-netratings.com/news.jsp?section=dat_to [13.09.2004].

Niesing, A. (2000). *Zusammenhang des Persönlichkeitsmerkmals Impulsivität und Internetsucht*. Unveröffentlichte Diplomarbeit, Humboldt-Universität Berlin.

Ofosu, H. (2001). Heavy internet use: A proxy for social interarction. *Dissertation-Abstracts-International, 61*, 5058.

Orzack, M. (1998). Computer addiction: What is it? *Psychiatric Times*. [On-line]. http://www.psychiatrictimes.com/p980852.html. [13.09.2004].

Orzack, M. & Orzack, D. (1999). Treatment of computer addicts with complex co-morbid psychiatric disorders. *CyberPsychology & Behavior, 2*, 465-473.

Ott, R. & Eichenberg, C. (2003). (Hrsg.). *Klinische Psychologie im Internet. Potenziale für klinische Praxis, Intervention, Psychotherapie und Forschung*. Göttingen: Hogrefe.

Parks, M. & Floyd, K. (1996). Making friends in cyberspace. *Journal of Communication, 46*, 80-97.
Peris, R., Gimeno, M., Pinazo, D., Ortet, G., Carcero, V., Sanchiz, M. & Ibáñez, I. (2002). Online chat rooms: Virtual spaces of interaction for socially oriented people. *CyberPsychology & Behavior, 5*, 43-51.
Petrie, H. & Gunn, D. (1998). Internet "addiction": The effects of sex, age, depression. Paper presented at the British Psychological Society London. [On-line]. http://phoenix.herts.ac.uk/SDRU/Helen/inter.html. [13.09.2004].
Petry, J. (Hrsg.). (1996). *Psychotherapie der Glücksspielsucht*. Weinheim: PVU.
Petry, J. (2003). Pathologischer PC-Gebrauch: Nosologische Einordnung und Falldarstellungen. In R. Ott & Ch. Eichenberg (Hrsg.). *Klinische Psychologie und Internet. Potenziale für klinische Praxis, Intervention, Psychotherapie und Forschung.* (Band 6, S. 257-270). Göttingen: Hogrefe.
Pratarelli, M., Browne, B. & Johnson, K. (1999). The bits and bytes of computer/internet addiction: A factor analytic approach. *Behavior Research Methods, Instruments & Computers, 31*, 305-314.
Radloff, L. (1977). The CES-D Scale: A self-report depression scale for research in the general population. *Applied Psychological Measurement, 1*, 385-401.
Raithel, J. (2001). (Hrsg.). *Risikoverhaltensweisen Jugendlicher. Erklärungen, Formen und Prävention.* Opladen: Leske + Budrich.
Reinecker, H. (Hrsg.). (1994). *Lehrbuch der Klinischen Psychologie*. (2. Auflage). Göttingen: Hogrefe.
Riittakerttu, K.-H., Lintonen, T. & Rimpelä, A. (2004). Internet addiction? Potentially problematic use of the internet in a population of 12-18 year-old adolescents. *Addiction Research and Theory, 12*, 89-96.
Roberts, L., Smith, L. & Pollack, C. (1996, September). *A model of social interaction via computer-mediated communication in real-time text-based virtual environments.* Paper presented at the annual meeting of the Australian Psychological Society. Sidney, Australia.
Robins, L., Helzer, J., Cottler, L. & Goldring, A. (Ed.). (1989). *National Institute of Mental Health Diagnostic Interview Schedule, Version III-R.* St. Louis: Washington University School of Medicine.
Rosenthal, R. & Lesieur, H. (1996). Pathological gambling and criminal behavior. In L. B. Schlesinger. (Ed.). *Explorations in criminal psychopathology* (pp. 149-169). Springfield: C. C. Thomas.
Ross, M. (2000). *Caught in the web: UF/Cincinnati study shows internet addicts suffer from mental illness.* [On-line]. http://www.napa.ufl.edu/2000news.htm [13.09.2004].
Rotunda, R., Kass, S., Sutton, M. & Leon, D. (2003). Internet use and misuse. Preliminary findings from a new assessment instrument. *Behavior Modification, 27*, 484-504.
Rohweder, D. & Hacks M. (Hrsg.). (1988). *Exzessives Spielen. Zur Häufigkeit, Psychologie und Therapie der sog. Spielsucht. Schriftenreihe Experten im Gespräch* (Band 6). Hamburg: Wissenschaftsverlag Wellingsbüttel.
Russell, D., Peplau, L. & Cutrona, C. (1980). The revised UCLA loneliness scale: Concurrent and discriminant validity evidence. *Journal of Personality and Social Psychology, 39*, 472-480.
Russell, D. (1996). The UCLA loneliness scale (Version 3): reliability, validity, and factor structure. *Journal of Personality Assessment, 66*, 20-40.
Ruzas, S. (2000). Chat-Fieber. Treffpunkt Internet - So reden Sie mit. *Focus 35*, 160-166.

Sanders, C. E., Field, T. M., Diego, M. & Kaplan, M. (2000). The relationship of internet use to depression and social isolation among adolescents. *Adolescence, 35*, 237-242.
Saß, H., Wittchen, H., Zaudig, M. (Hrsg.). (1998). *Diagnostisches Manual Psychischer Störungen, DSM-IV.* Göttingen: Hogrefe.
Sartorius, N. & Ban, T. (Eds.) (1986). *Assessment of Depression.* Springer: Berlin.
Schachtner, C. (2000). Das Datennetz als Lebensraum. *Psychologie heute, 12*, 36-42.
Schade, O. (2000). Dienste im Internet. In B. Batinic (Hrsg.). *Internet für Psychologen* (S. 39-85). Göttingen: Hogrefe.
Scherer, K. (1997). College life on-line: Healthy and unhealthy internet use. *Journal of College Student Development, 38*, 655-644.
Schlesinger, L. (Ed.). (1996). *Explorations in criminal psychopathology.* Springfield: C. C. Thomas.
Schumacher, J., Gunzelmann, T. & Brähler, E. (2000). Deutsche Normierung der Sense of Coherence Scale von Antonovsky. *Diagnostica, 46*, 208-213.
Seemann, O., Stefanek, J., Quadflieg, N., Grebener, N., Kratzer, S., Möller-Leimkühler, A., Ziegler, W., Engel, R. & Hegerl, U. (2000). Wissenschaftliche Online-Umfrage zur Internet-Abhängigkeit. *Fortschritte der Medizin Originalien III*, 109-113.
Seemann, O. (2001). Münchner Therapiezentrum für Internet-Abhängige. In O. Seemann, G. Köpf, S. Kratzer & A. Wöller (Hrsg.). *Die Internet-Süchtigen. Schriftenreihe des Münchner Instituts für Psychiatrische Wirkungsforschung MIPW.* (Band 2, S. 28-35). Oberhausen: Verlag Karl Maria Laufen.
Seemann, O., Köpf, G., Kratzer, S. & Wöller, A. (Hrsg.) (2001). *Die Internet-Süchtigen. Schriftenreihe des Münchner Instituts für Psychiatrische Wirkungsforschung MIPW* (Band 2). Oberhausen: Verlag Karl Maria Laufen.
Segrin, C. (2000). Social skills deficits associated with depression. *Clinical Psychology Review, 20*, 379-403.
Shaffer, H., Hall, M. & Vander Bilt, J. (2000). "Computer addiction": A critical consideration. *American Journal of Orthopsychiatry, 70*, 162-168.
Shapira, N. (1998). *Problematic internet use.* Paper presented at the annual meeting of the American Psychiatric Association. Toronto, Canada.
Shapira, N., Goldsmith, T., Keck, P. Jr., Khosla, U. & McElroy, S. (2000). Psychiatric features of individuals with problematic internet use. *Journal of Affective Disorders, 57*, 267-272.
Shapira, N., Lessig, M., Goldsmith, T., Szabo, St., Lazoritz, M., Gold, M. & Stein, D. (2003). Problematic internet use: Proposed classification and diagnostic criteria. *Depression and Anxiety, 17*, 207-216.
Shaw, L. & Gant, L. (2002). In defense of the internet: The relationship between internet communication and depression, loneliness, self-esteem, and perceived social support. *CyberPsychology & Behavior, 5*, 157-171.
Silicon, (2003). *50 Prozent sind „drin". Endlich: Die Hälfte der Deutschen ist am Netz.* [On-line]. http://www.silicon.de/ [13.09.2004].
Sinclair, S. (1998). Cybergaming's limited market. *International Gaming and Wagering Business, 19*, 12.
Skinner, B. (Ed.). (1953). *Science and human behavior.* New York: Macmillan.
Srole, L. (1956). Social integration and certain corollaries: An exploratory study. *American Sociological Review, 21*, 709-716.

Stokes, J. (1985). The relation of social network and individual difference variables to loneliness. *Journal of Personality and Social Psychology, 48*, 981-990.
Suchmaschinentricks. (2004). *Suchbegriffe im Netz.* [On-line]. http://www.suchmaschinentricks.de/tools/keywords.php3 [13.09.2004].
Suler, J. (1999). To get what you need: Healthy and pathological internet use. *CyberPsychology & Behavior, 2*, 385-393.
Summerfeldt, L., Richter, M., Antony, M. & Swinson, R. (1999). Symptom structure in obsessive compulsive disorder: A confirmatory factor-analystic study. *Behavior Research Therapy, 37*, 297-311.
Surratt, C. (Ed.). (1999). *Netaholics? The creation of a pathology.* Commack: Nova Science Publishers, Inc.
Theobald, A., Dreyer, M. & Starsetzki, T. (Hrsg.) (2001). *Handbuch zur Online-Marktforschung. Beiträge aus Wissenschaft und Praxis.* Wiesbaden: Gabler.
Treuer, T., Fábián, Z. & Füredi, J. (2001). Internet addiction associated with features of impulse control disorder: is it a real psychiatric disorder? *Journal of Affective Disorders, 66*, 283.
Turkle, S. (Hrsg.). (1999). *Leben im Netz. Identität in Zeiten des Internet.* Reinbek: Rowohlt.
Ursua, M. & Uribelarrea, L. (1998). 20 Questions of gamblers anonymous: A psychometric study with population of Spain. *Journal of Gambling Studies, 14*, 3-15.
VandeCreek, L. & Jackson, T. (Eds.). (1999). *Innovations in clinical practice: A source book.* Sarasota: Professional Resource Press.
van Eimeren, B., Gerhard, H. & Frees, B. (2002). ARD/ZDF-Online-Studie 2002: Entwicklung der Onlinenutzung in Deutschland: Mehr Routine, weniger Entdeckerfreude. *Media Perspektiven, 8*, 346-362.
Vitouch, P. (Hrsg.). (2001). *Psychologie des Internet.* Wien: WUV.
Wästerlund, E., Norlander, T. & Archer, T. (2001). Internet blues revisited: Replication and extension of an internet paradox study. *CyberPsychology & Behavoir, 4*, 385-391.
Wallace, P. (1999). *The psychology of the internet.* New York: Cambridge University Press.
Walther, J. (1996). Computer-mediated communication: Impersonal, interpersonal, and hyperpersonal interaction. *Communication Research, 23*, 3-43.
Walther, J. (1999). *Communication addiction disorder: Concern over media, behavior and effects.* Paper presented at the annual meeting of the American Psychological Association, Boston. Retrieved July 5, 2003. [On-line]. http://psychcentral.com/archives/walther_cad.pdf [13.09.2004].
Wang, W. (2001). Internet dependency and psychosocial maturity among college students. *International Journal of Human Computer Studies, 56*, 919-938.
Wanke, K. (1985). Normal - abhängig - süchtig: Zur Klärung des Suchtbegriffs. In Deutsche Hauptstelle gegen die Suchtgefahren (Hrsg.). *Süchtiges Verhalten - Grenzen und Grauzonen im Alltag* (S. 11-22). Hamm: Hoheneck.
Ware, J. (Ed.). (1993). *SF-36 Health Survey Manuals and Interpretation. Appendix C: script for personal interview SF-36 administration.* Boston: Nimrod Press.
Weiss, R. (Ed.). (1973). *Loneliness. The experience of emotional and social isolation.* Cambridge: MIT Press.
Wertenauer, R. (2001). *Moorhuhn - ein Fall für Arbeitsgericht und Staatsanwalt?* [On-line]. http://www.tecchannel.de/software/566/ [13.09.2004].

Whang, L.; Lee, S. & Chang, G. (2003). Internet over-users' psychological profiles: A behavior sampling analysis on internet addiction. *CyberPsychology & Behavior*, 6, 143-150.
Wittchen H.-U. & Pfister, H. (Hrsg.). (1997). *Manual und Durchführungs-beschreibung des DIA-X-M-CIDI*. Frankfurt: Swets & Zeitlinger B.V., Swets Test Services.
Wittchen, H.-U. & Pfister, H. (Hrsg.). (1997a). *Instruktionsmaterial zur Durchführung von DIA-X-Interviews*. Frankfurt: Swets & Zeitlinger B.V., Swets Test Services.
Wittchen, H.-U., Lachner, G., Wunderlich, U. & Pfister, H. (1998). Test-retest reliability of computerized DSM-IV version of the Munich Composite International Diagnostic Interview (M-CIDI). *Social Psychiatry and Psychiatric Epidemiology, 33*, 568-578.
Wittchen, H.-U., Müller, N., Pfister, H., Winter, S. & Schmidtkunz, B. (1999). Affektive, somatoforme und Angststörungen in Deutschland – Erste Ergebnisse des bundesweiten Zusatzsurveys „Psychische Störungen". *Gesundheitswesen*, [Sonderheft II], 216-222.
Wittchen, H.-U., Müller, N., Schmidtkunz, B., Winter, S. & Pfister, H. (2000). Erscheinungsformen, Häufigkeit und Versorgung von Depressionen – Ergebnisse des bundesweiten Gesundheitssurveys „Psychische Störungen". *Fortschritte der Medizin*, [Sonderheft I], 4-10.
Wolfe, Ch. (Ed.) (2001). *Learning and teaching on the world wide web*. San Diego: Academic Press.
Young, K. (1996). *Internet addiction: the emergence of a new clinical disorder*. Presented at the annual meeting of the American Psychological Association, Toronto, Canada.
Young, K. (1998). Internet addiction: The emergence of a new clinical disorder. *CyberPsychology & Behavior, 1*, 237-244.
Young, K. (1998a). *Internet addicts often show other disorders*. [On-line]. http://cnn.com/HEALTH/9805/31/internet.addiction/ [13.09.2004].
Young, K. (1998b). *How to deal with net compulsions*. [On-line]. http://www.netaddiction.com/net_compulsions.htm [13.09.2004].
Young, K. (Hrsg.). (1999). *Caught in the net. Suchtgefahr Internet*. München: Kösel Verlag.
Young, K. (1999a). Internet addiction: symptoms, evaluation and treatment. In L. VandeCreek & T. Jackson (Eds.), *Innovations in Clinical Practice: A Source Book* (pp. 19-31). Sarasota: Professional Resource Press.
Young, K., Pistner, M., O'Mara, J. & Buchanan, J. (1999). Cyber disorders: The mental health cocern for the new millenium. *CyberPsychology & Behavior, 2*, 475-479.
Young, K. & Rogers, R. (1998). The relationship between depression and internet addiction. *CyberPsychology & Behavior, 1*, 25-28.
Zaudig, M. (2002). Epidemiologie, Komorbidität und Verlauf der Zwangsstörung. In M. Zaudig, W. Hauke & U. Hegerl (Hrsg.). *Die Zwangsstörung* (S. 33-42). Stuttgart: Schattauer.
Zaudig, M., Hauke, W. & Hegerl, U. (Hrsg.). (2002). *Die Zwangsstörung*. Stuttgart: Schattauer.
Zimmerl, H. & Panosch, B. (1998). *Internet. Eine neumodische Krankheit?* [On-line]. http://gin.uibk.ac.at/thema/internetsucht/chat-teil1.html [13.09.2004].
Zuckerman, M. (Ed.). (1979). *Sensation seeking. Beyond the optimal level of arousal*. Hillsdale: Lawrence Erlbaum.
Zuckerman, M. (Ed.). (1994). *Behavioral expressions and biosocial bases of sensation seeking*. New York: Cambridge University Press.

7. ANHANG

7.1 Abbildungsverzeichnis

Abbildung 1:	Modell des Internetgebrauchs	17
Abbildung 2:	Teufelskreis von suchtartigem Verhalten am Beispiel Internet	23
Abbildung 3:	Kriterien der Internet-Abhängigkeit	25
Abbildung 4:	Mind-Mapping über Suchtverhalten	27
Abbildung 5:	Exzessive Internetnutzung	42
Abbildung 6:	Fragen zum Internetgebrauch (Telefonscreening)	45
Abbildung 7:	Probandensuche	46
Abbildung 8:	Zwanzig Fragen der Gamblers Anonymous	53
Abbildung 9:	Gamblers Anonymous, modifiziert für den Internetgebrauch	54
Abbildung 10:	Dauer der Internetnutzung zur Zeit der Befragung	60
Abbildung 11:	Nutzung der Anwendungen des Internet aufgeteilt nach Gruppen	62
Abbildung 12:	Anzahl der Nennungen negativer Begleiterscheinungen	62
Abbildung 13:	Anzahl pathologischer bzw. nicht-pathologischer Nutzer mit CIDI-Diagnosen	64
Abbildung 14:	Mittelwertsvergleich der Summenwerte des Lebensorientierungfragebogens in Bezug zum jeweiligen Soll-Mittelwert	72

7.2 Tabellenverzeichnis

Tabelle 1:	Entwicklung der Onlinenutzung in Deutschland	12
Tabelle 2:	Onlinenutzer in Deutschland von 1997 – 2002	13
Tabelle 3:	Onlineanwendungen 2002	14
Tabelle 4:	Leitlinien der Diagnostik des pathologischen Glücksspiels nach ICD-10	24
Tabelle 5:	Leitlinien der Diagnostik von Substanzabhängigkeit nach ICD-10	29
Tabelle 6:	Einteilung der Probanden (Telefonscreening)	46
Tabelle 7:	Verteilung der Teilnehmer: Telefonscreening und Ambulanzpatienten	47
Tabelle 8:	Übersicht über die Verwendeten Verfahren	48
Tabelle 9:	Altersverteilung in Jahren	58
Tabelle 10:	Geschlechtsverteilung	58
Tabelle 11:	Schulabschluss	59
Tabelle 12:	Berufliche Situation	59
Tabelle 13:	Partnersituation – Angaben in %	59
Tabelle 14:	Zeitverbrauch in Stunden pro Woche	60
Tabelle 15:	Nutzung der Anwendungen des Internet	61
Tabelle 16:	IPDE-Screening für Persönlichkeitsstörungen	63
Tabelle 17:	CIDI – Diagnosen aufgeteilt nach Probandengruppen	65
Tabelle 18:	Anzahl der CIDI-Diagnosen der beiden Probandengruppen	66
Tabelle 19:	Häufigkeit der Depressiven Störungen – CIDI-Diagnosen	66
Tabelle 20:	Verteilung der depressiven Störungen	67
Tabelle 21:	Maximale Hamilton-Depressions-Skalenwerte	67
Tabelle 22:	Häufigkeit der stofflichen Abhängigkeitsformen	68
Tabelle 23:	Häufigkeit der nicht-stofflichen Abhängigkeitsformen	68
Tabelle 24:	χ^2-Test zu stofflichen Abhängigkeitsformen (Häufigkeitsvergleich)	69
Tabelle 25:	χ^2-Test zu nicht-stofflichen Abhängigkeitsformen (Häufigkeitsvergl.)	69
Tabelle 26:	Vergleich der beiden Gruppen – Glücksspielfragebogen	69
Tabelle 27:	Häufigkeitsvergleich Zwangsgedanken – allgemein (Y-Bocs)	70
Tabelle 28:	Häufigkeitsvergleich Zwangshandlungen – allgemein (Y-Bocs)	70
Tabelle 29:	Korrelation – CIDI-Diagnosen mit LO-Summenwert	71
Tabelle 30:	Internetfragebogen – Gegenüberstellung der drei Probanden	74
Tabelle 31:	Fragebogen- und Testergebnisse – Gegenüberstellung der drei Probanden	76
Tabelle 32:	Durchschnittliche Online-Stunden pro Woche bei pathologischer Internetnutzung	78

7.3 Fragebogen

Fragebogen zum Internet-Gebrauch (Seemann O, Engel R.R., Hegerl U.):

Wegen des großen öffentlichen Interesses und medizinischen Handlungsbedarfes, wollen
wir den Internet-Gebrauch und insbesondere Ihre individuellen Erfahrungen
untersuchen. Hierbei handelt es sich nicht um ärztliche Beratung! Wenn Sie
ärztliche Beratung wollen, können Sie über unsere 'Münchener Ambulanz für
Internet-Abhängige' Termine vereinbaren (http://www.med.uni-munechen.de/psywifo/Interaddict.htm)

Beantworten Sie die Fragen nur, wenn Sie einverstanden sind,
daß wir die Daten für wissenschaftliche Untersuchungen verwenden. Die Auswertung
erfolgt anonym. E-Mail-Adressen werden nicht gespeichert. Die Daten werden auf
dem SQL-Server der Klinik gespeichert und mit SSL verschlüsselt übertragen. Die
Datensicherheit ist damit nach den modernen Standards weitgehend sichergestellt.
Eine vollkommene Datensicherheit besteht im Internet, wie allgemein bekannt,
allerdings nicht.

Wenn Sie alle Fragen beantworten, wird Ihr Ergebnis mit dem der
bisherigen Teilnehmern verglichen. Sie können diese Ergebnisse teilweise dann
Selbst am Ende einsehen.

Beantworten Sie die folgenden 52 Fragen bitte nacheinander und
vollständig. Nur vollständig ausgefüllte Fragebögen können verwertet werden. Füllen
Sie den Fragebogen nur einmal aus. Entscheiden
Sie sich für die Antworten, die am ehesten zutreffen.

Viel Spaß!

1. Zunächst Fragen zur Person:

1.1. Welches Geschlecht haben Sie?
a) männlich
b) weiblich

1.2. Wie alt sind Sie?

1.3. Welchen höchsten Schulabschluß haben Sie erreicht?
a) noch in der Schule
b) kein Schulabschluß
c) Sonderschulabschluß
d) Hauptschul-/Volksschulabschluß
e) Realschulabschluß/mittlere Reife/polytechn. Oberschule
f) Fachabitur/Abitur
g) sonstiges

1.4. In welcher berufliche Situation befinden Sie sich
a) Schüler(in)
b) Auszubildende(r)
c) Student(in)
d) Angestellte(r)
e) Beamte(r)
f) Selbständige(r)
g) Arbeitslose(r)

1.5. Welchen Beruf haben Sie erlernt?

1.6. In welcher Partnersituation leben Sie?
a) kurzfristig kein Partner
b) langfristig/dauerhaft kein Partner
c) wechselnde Partner
d) fester Partner (Ehe)
e) fester Partner (nicht Ehe)

1.7. Postleitzahl des Wohnortes?

2. Jetzt Fragen zum Internet-Gebrauch:

2.1. Seit wann benutzen Sie das Internet?
Monat/Jahr:

2.2. Wieviele Stunden pro Woche sind Sie in den letzten zwölf Monaten privat im Internet tätig?

2.3. Wieviele Stunden pro Woche sind Sie in den letzten zwölf Monaten beruflich im Internet tätig?

2.4. Wieviel Geld geben Sie im Monat privat für den Online-Internet-Gebrauch aus?

2.5. Wieviele Stunden pro Woche verwenden Sie für Aktivitäten, die mit dem Online-Gebrauch im Zusammenhang stehen (Computerbedarf kaufen, Bücher lesen, Software testen,...).

2.6. Welche(n) Teil(e) des Internets benutzen Sie
a) Chat
b) MUD
c) E-Mail

d) WWW-Surfen
e) Suchmaschinen
f) Downloads
g) Erotik
h) Sonstige:

2.7. Was ist das Schönste für Sie am Internet?

3. Jetzt Fragen zu einem möglichen problematischen Gebrauch des Internet:

3.1. Haben Sie das Gefühl, die Kontrolle über die Zeit beim Internet-Gebrauch zu verlieren?
a) ja
b) nein

3.2. Möchten Sie vom Internet loskommen oder die On-line Stundenzahl reduzieren?
a) ja loskommen
b) ja reduzieren
c) nein

3.3.a) Empfinden Sie eine Art unwiderstehlichen Zwang, das Internet zu gebrauchen?
ja
nein

b) Haben Sie schon erfolglos wiederholt versucht dem Internet-Gebrauch zu widerstehen?
Ja
Nein

c) Empfinden Sie den den Internet-Gebrauch als unangenehm, als unsinnig oder übertrieben und leiden darunter?
ja
nein

3.4. Haben Sie körperliche Beschwerden, die Sie auf den Internet-Gebrauch zurückzuführen? Wenn ja, welche?
a) ja:
b) nein

3.5. Haben Sie seelische Probleme die Sie auf den Internet-Gebrauch zurückführen? Wenn ja, Welche?
a) ja:
b) nein

3.6. Haben Sie schon versucht die On-line-Aktivitäten zu reduzieren?
a) ja vergeblich
b) ja erfolgreich, in folgendem Umfang:
    etwas
    mäßig
    wesentlich
b) nein

3.7. Haben Sie schon versucht sich Hilfe zu holen, um vom Internet loszukommen? Wenn ja, bei wem?
a) ja:
b) nein

3.8. Haben Sie Entzugserscheinungen wenn Sie sich für kürzere oder längere Zeit vom Internet-Gebrauch fernhalten? Wenn ja, welche?
a) ja:
b) nein

3.9. Machen Sie sich viele Gedanken über das Internet?
a) ja
b) nein

3.10. Träumen Sie vom Internet?
a) ja
b) nein

3.11. Haben Sie Probleme in Ihrem sozialen Umfeld wegen des Internet-Gebrauchs, also zum Beispiel mit dem Partner oder am Arbeitsplatz oder in der Schule?
a) ja mit Partner
b) ja am Arbeitsplatz
c) ja in der Schule
d) nein

3.12. Hat sich schon jemand aus Ihrer Familie, Ihrem Bekanntenkreis oder am Arbeitsplatz über Ihren Internet-Gebrauch beschwert?
a) ja
b) nein

3.13. Benutzen Sie das Internet weiter, obwohl Ihnen körperliche, soziale oder seelische Folgeschäden bewußt sind (z.B. Kopfschmerzen, Depressionen)?
a) ja
b) nein

3.14. Haben Sie Schuldgefühle wegen Ihres Internet-Gebrauchs?
a) ja
b) ja, kaum
c) nein

3.15. Haben Sie sich schon persönlich mit jemandem verabredet, den Sie On-line kennengelernt haben?
a) ja, oft
b) ja, selten
c) nein, ich habe es aber versucht
d) nein

3.16. Haben Sie das Gefühl, daß Ihnen virtuelle menschliche On-line-Beziehungen mehr bedeuten als direkte Beziehungen?
a) ja, absolut
b) ja, teilweise
c) nein

3.17. Haben Sie sich durch Ihren Internet-Gebrauch aus Ihrem direkte sozialen Leben, von Freizeitaktivitäten oder anderen für Sie wichtigen Beschäftigungen zurückgezogen?
a) ja
b) nein

3.18. Verheimlichen Sie ihre On-line-Aktivitäten bzw. deren Ausmaß?
a) ja
b) nein

3.19. Spüren Sie eine psychische Befriedigung durch den Internet-Gebrauch?
a) ja
b) nein

3.20. Hilft Ihnen das Internet Ängste oder Unwohlsein zu reduzieren?
a) ja
b) nein

3.21. Fühlen Sie sich vom Internet abhängig?
a) ja
b) nein

3.22. Empfinden Sie einen rauschähnlichen Zustand (beglückende Erregung), wenn Sie On-line sind?
a) ja
b) nein

3.23. Haben Sie Schulden wegen des Internets gemacht?
a) ja
b) nein

3.24. Ist Ihnen die Anonymität des Internet eher angenehm oder eher lästig?
a) angenehm
b) lästig
c) egal

3.25. Haben Sie über Online-Aktivitäten gezielt versucht, einen Partner zu finden?
a) ja
b) nein

4. Jetzt einige allgemeine Fragen:

4.1. Wie viele Stunden pro Woche verbringen Sie ungefähr mit Freunden im direkten Kontakt?

4.2. Sind Sie mit sich im großen und ganzen zufrieden?
a) ja
b) nein

4.3. Sind Sie mit Ihrem Leben zufrieden?
a) ja
b) nein

4.4. Sind Sie optimistisch, was die Zukunft betrifft?
a) ja
b) nein

4.5. Sind Sie abhängig oder süchtig?

a) ja von Alkohol
b) ja von Zigaretten
c) ja von Drogen
d) ja von Glücksspiel
e) ja von Computern
f) ja von Einkaufen
g) ja von Sonstigem:
g) nein

4.6. Waren Sie früher schon einmal abhängig oder süchtig?
a) ja von Alkohol
b) ja von Zigaretten
c) ja von Drogen
d) ja von Glücksspiel
e) ja von Computern
f) ja vom Einkaufen
g) ja von Sonstigem:
g) nein

4.7. Kennen Sie irgendwelche Zwänge, Zwangsgedanken oder Zwangshandlungen, also Gedanken oder Handlungen, die man als sinnlos erkennt, unter denen man auch leidet, sie sich wiederholt aufdrängen, denen Sie vergeblich zu widerstehen versuchen, die von einem selbst stammen, die Ängste oder Unwohlsein reduzieren helfen, die keinerlei Vergnügen bereiten?
a) ja, folgende:
b) nein

Anmerkung: gekürzte Fassung

8. DANKSAGUNG

Mein besonderer Dank gilt Herrn Prof. Dr. Ulrich Hegerl für die Überlassung des Themas dieser Doktorarbeit und die kompetente Betreuung. Er war mir in allen Fragen motivierender Diskussionspartner der mir sehr viel Freiraum in der Durchführung der Arbeit gewährte. Ebenfalls danken möchte ich Herrn Dr. Oliver Seemann der den Anstoß zum Thema und zur praktischen Durchführung gab.

Weiterhin danke ich Herrn Prof. Dr. Hans-Jürgen Möller, der als Direktor der Psychiatrischen Klinik der LMU die Rahmenbedingungen für ein solches Vorhaben bereitgehalten hat. Herzlich danken möchte ich Herrn Prof. Dr. Dieter Ulich, Leiter des Lehrstuhls für Psychologie der Universität Augsburg, der mich als unterstützender Arbeitsgeber sehr entlastet hat und meinen Kollegen, Freunden sowie meinem Mann Mathias; sie alle haben diese lange geistige und physische Arbeit mit mir durchgestanden.

9. LEBENSLAUF

19.06.1964	Geburt in München
	verheiratet (eine Stieftochter)
1978 - 1981	Städtische Riemerschmid Wirtschaftsschule in München (Mittlere Reife)
1981	Berufsschule für Arzthelferinnen in München
1982	Berufsschule für Industriekaufleute in München-Pasing (IHK-Abschluß zur Industriekauffrau)
1984 – 1992	Berufliche Tätigkeit in der Automobilindustrie
1989 – 1991	Städtisches Abendgymnasium für Berufstätige in München Allgemeine Hochschulreife (Begabtenabitur)
1992 – 1993	Studium der Schulpsychologie an der Katholischen Universität Eichstätt
1993 – 1998	Studium der Diplom-Psychologie an der Katholischen Universität Eichstätt und der Ludwig-Maximilians-Universität München (Anerkennung der drei vorangegangenen Semester)
2000 – 2004	Praktischer Teil der Doktorarbeit in der Abteilung für Klinische Neurophysiologie der Klinik und Poliklinik für Psychiatrie und Psychotherapie der Ludwig-Maximilians-Universität München
1999 – 2001 (SS)	Wissenschaftliche Mitarbeiterin am Lehrstuhl für Entwicklungspsychologie und Pädagogische Psychologie der Ludwig-Maximilians-Universität, München (Teilzeit)
seit 2001 (WS)	Wissenschaftliche Mitarbeiterin am Lehrstuhl für Psychologie der Universität Augsburg (Teilzeit)

Psychologie der Neuen Medien

K. Boehnke, W. Dilger,
St. Habscheid, W. Holly, E. Keitel,
J. Krems, T. Münch, J. Schmied,
M. Stegu, G. Voß
Neue Medien im Alltag:
Von individueller Nutzung zu
sozio-kulturellem Wandel
1999, ISBN 3-934252-11-7,
284 Seiten, Preis: 15,- Euro

K. Boehnke, N. Döring (Hrsg.)
Neue Medien im Alltag:
Die Vielfalt individueller
Nutzungsweisen
nur noch als CD lieferbar
2001, ISBN 3-935357-45-1,
240 Seiten, Preis: 15,- Euro

K. Boehnke, T. Münch
Jugendsozialisation und Medien
2005, ISBN 3-89967-245-3,
300 Seiten, Preis: 25,- Euro

B. Duve, B. Iserloh, M. Kastner
(Hrsg.)
mensch-arbeit.de
Beratung und Seelsorge zu
Themen der Arbeitswelt im
Internet
2005, ISBN 3-89967-243-7,
192 Seiten, Preis: 20,- Euro

O. Fischer
Computervermittelte
Kommunikation
Theorien und organisationsbezogene Anwendungen
2005, ISBN 3-89967-237-2,
256 Seiten, Preis: 20,- Euro

H. Gerdes
Lernen mit Text und Hypertext
II. Auflage 2003
1997, ISBN 3-931660-54-0,
264 Seiten, Preis: 20,- Euro

E. Keitel, K. Boehnke, K. Wenz
(Hrsg.)
Neue Medien im Alltag:
Nutzung, Vernetzung, Interaktion
nur noch als CD lieferbar
2003, ISBN 3-89967-067-1,
316 Seiten, Preis: 20,- Euro

E. Keitel, G. Süß, R. Gunzenhäuser,
A. Hahn (Hrsg.)
Computerspiele -
Eine Provokation für die Kulturwissenschaften?
2003, ISBN 3-89967-089-2,
128 Seiten, Preis: 15,- Euro

S. Kratzer
Pathologische Internetnutzung
eine Pilotstudie zum Störungsbild
2006, ISBN 3-89967-317-4
112 Seiten, Preis: 20,- Euro

Psychologie der Neuen Medien

S. Laumen
Neue Medien in der Hochschulausbildung
Evaluation des Einsatzes von computergestützten Medien in der integrierten Sicherheitsfachkraftausbildung
2006, ISBN 3-89967-294-1,
244 Seiten, Preis: 25,- Euro

P. Ludwig
Vertrauen beim Online-Shopping
2005, ISBN 3-89967-230-5,
416 Seiten, Preis: 25,- Euro

M. Paechter
Wissenskommunikation, Kooperation und Lernen in virtuellen Gruppen
nur noch als CD lieferbar
2003, ISBN 3-89967-093-0,
264 Seiten, Preis: 25,- Euro

M. Pivec, A. Koubek, C. Dondi (Eds.)
Guidelines for Game-Based Learning
2004, ISBN 3-89967-193-7,
166 pages, Price: 15,- Euro

G. Reinmann
Blended Learning in der Lehrerbildung
Grundlagen für die Konzeption innovativer Lernumgebungen
2005, ISBN 3-89967-261-5,
284 Seiten, Preis: 20,- Euro

U.-D. Reips, M. Bosnjak (Eds.)
Dimensions of Internet Science
2001, ISBN 3-935357-52-4,
364 pages, Price: 24,- Euro

A. Schütz, St. Habscheid, W. Holly, J. Krems, G. G. Voß (Hrsg.)
Neue Medien im Alltag: Befunde aus den Bereichen Arbeit, Lernen und Freizeit
2005, ISBN 3-89967-238-0,
320 Seiten, Preis: 25,- Euro

K. Seikowski (Hrsg.)
Sexualität und Neue Medien
2005, ISBN 3-89967-231-3,
168 Seiten, Preis: 15,- Euro

PABST SCIENCE PUBLISHERS
Eichengrund 28, 49525 Lengerich, Tel. 05484-308, Fax 05484-550,
E-mail: pabst.publishers@t-online.de
www.pabst-publishers.de – www.psychologie-aktuell.com

Jetzt

Die psychologischen innovativen Fachzeitschriften bei PABST:

❶ ENTSPANNUNGSVERFAHREN

❷ FORENSISCHE PSYCHIATRIE UND PSYCHOTHERAPIE

❸ PRAXIS KLINISCHE VERHALTENSMEDIZIN UND REHABILITATION

❹ PSYCHOANALYSE - TEXTE ZUR SOZIALFORSCHUNG

❺ PSYCHOLOGIE & GESELLSCHAFTSKRITIK

❻ PSYCHOLOGY SCIENCE

❼ UMWELTPSYCHOLOGIE

❽ VERHALTENSTHERAPIE & VERHALTENSMEDIZIN

❾ WIRTSCHAFTSPSYCHOLOGIE

PABST PUBLISHERS
Eichengrund 28, D-49525 Lengerich, Tel. ++ 49 (0) 5484-97234,
Fax ++ 49 (0) 5484-550, E-mail: pabst.publishers@t-online.de
Internet: http://www.pabst-publishers.de